Martine Delaud

Découvertes

Das Trainingsbuch

3

Klett Lerntraining

Zu diesem Trainingsbuch gehört eine Audio-CD. Mit ihrer Hilfe lernst du, Französisch besser zu verstehen. Die Texte sind im Buch mit dem Symbol gekennzeichnet. Wenn du die Diktate und Lückendiktate schreibst, benutze die Pausentaste, um Zeit zum Schreiben zu haben. Viel Erfolg!

Sprecher: Sonia Blin, Gilles Floret, Sebastian Ludwig, Willy Rollé
Produktion: Bauer Studios GmbH, Ludwigsburg

Bibliografische Information der Deutschen Nationalbibliothek
Die Deutsche Nationalbibliothek verzeichnet diese Publikation in der Deutschen Nationalbibliografie; detaillierte bibliografische Daten sind im Internet über http://dnb.d-nb.de abrufbar.

Auflage 6 5 | 2010 2009
Die letzten Zahlen bezeichnen jeweils die Auflage und das Jahr des Druckes.

www.klett.de/lernhilfen

Zeichnungen: François Davot, Troyes; Christian Dekelver, Weinstadt; Helga Merkle, Albershausen
Umschlaggestaltung: Christian Dekelver, Weinstadt
Satz: Klaus Bauer, Bondorf
Reproduktion: Meyle+Müller GmbH+Co. KG, Pforzheim
Druck: Mediahaus Biering GmbH, München

Printed in Germany
ISBN 978-3-12-929892-3

9 783129 298923

INHALT

Modul 1 96

Modul 2 110

Modul 3 124

Lösungen 139

Quellenverzeichnis 175

LEKTION 1

Die Steigerung der Adjektive: Der Komparativ – *Les degrés de l'adjectif: le comparatif*

Um Personen und Sachen zu vergleichen, kann man Adjektive steigern.
Dafür bieten sich **drei Formen** an. Man nennt sie **Komparativ**.

Elodie est **plus** jolie **que** Charlotte.	… hübscher als …
Elodie est **aussi** jolie **que** Charlotte.	… genauso hübsch wie …
Elodie est **moins** jolie **que** Charlotte.	… weniger hübsch als …

Der **Komparativ** wird mit *plus, aussi, moins* vor dem Adjektiv und immer mit ***que*** als Bezugswort (deutsch „als" und „wie") benutzt.
Nur das Adjektiv *bon* kann man **nicht** zusammen mit *plus* kombinieren:

Cette musique est ~~plus bonne~~ **meilleure** que l'autre. … besser …

1 Übersetze die Komparative in Klammern.

Aujourd'hui, la mer est **(wärmer als)** plus chaude qu' hier.

Elodie n' est pas **(weniger schön als)** moins jolie que Charlotte.

David est **(genauso süß wie)** aussi mignon que Laurent.

Mais il est **(schüchterner als)** plus timide que lui.

Elodie a une **(bessere Idee als)** ~~plu~~ meilleure Idee que sa copine.

Les vacances sont **(interessanter als)** plus intéressants que les jours d'école.

Die Steigerung der Adjektive: Der Superlativ – *Les degrés de l'adjectif: le superlatif*

Die höchste Stufe eines Vergleichs (die/der größte, schönste …) wird gebildet, indem man *le, la, les* vor den Komparativ *plus* oder *moins* setzt. Man nennt diese Form **Superlativ**.

Ce sont **les plus belles filles** de Fécam.	… die schönsten …
… **les meilleures** copines du monde.	… die besten …
C'est le garçon **le plus mignon**.	… der süßeste, attraktivste …
mais **le moins sportif** du groupe.	… der unsportlichste …

Tipp Adjektive, die normalerweise vor dem Nomen stehen, z. B. *grand, petit, bon, beau,* behalten dieselbe Stellung im Superlativ.

2 Der Moderator von Radio Ados stellt dir die folgenden Fragen. Bilde aus den Bausteinen mit dem Superlativ richtige Sätze und passe die Adjektive an.

Quels / sont / les cours / (-- intéressant) / pour toi

Quels sont les cours les ~~plus~~ moins intéressants pour toi ?

Quelle / est / la personne / (++ mignon) / de ta classe

Quelle est la personne la plus ~~mignonne~~ mignonne de ta classe ?

Quel / est / (++ bon) / élève de ta classe

le meilleur ?

Quel / est / le/la prof / (-- sympa)

le/la ~~pl~~ moins sympa ?

Quelle / est / la fille / (++ sportif)

la plus sportive ?

Die Bildung des *Imparfait* – *La formation de l'imparfait*

Das *Imparfait* lässt sich leicht bilden (auch bei den unregelmäßigen Verben). Es wird aus dem Stamm der **1. Person Plural Präsens** gebildet. An diesen Stamm hängt man die Endungen *-ais, -ais, -ait, -ions, -iez, -aient.*

nous **port**ons, nous **finiss**ons, nous **av**ons, nous **connaiss**ons …
→ je port**ais**, il finiss**ait**, nous av**ions**, tu connaiss**ais**, ils port**aient**

Die einzigen Ausnahmen sind:

être	**fall**oir	**pleuv**oir
j'**ét**ais	il **fall**ait	il **pleuv**ait

Tipp Im *Imparfait* haben die Formen mit *je, tu, il, ils* die gleiche Aussprache.

3 Benutze die Regel und bilde das *Imparfait.*

1. Person Plural Präsens	Imparfait
nous prenons	tu
nous allons	je
nous sommes	il
nous jouons	ils
nous faisons	vous
nous finissons	nous
nous avons	elle
nous lisons	on

4 Stell dir vor, es ist nun das Jahr 2050. Du erzählst deinen Kindern oder Enkeln aus deiner Jugend. Hierzu brauchst du das *Imparfait*.

Il y a 50 ans,

on **(aller)** ________________ à l'école tous les jours.

on **(utiliser)** ______________________ encore des livres.

on **(apprendre)** ______________________ des choses bêtes comme la géo et les maths.

on **(avoir)** ________________ tous un portable.

c'**(être)** ________________ un gros appareil de communication.

on **(écouter)** ________________ de la techno et du rap.

on **(faire)** ________________ souvent du roller.

on **(jouer)** ________________ aussi sur l'ordinateur.

Les jeunes **(être)** ________________ plus cools et plus sympas qu'aujourd'hui etc, etc.

Wann *Imparfait* und wann *Passé composé*?

Das ***Imparfait*** steht für **Hintergrund-Informationen**, **bestehende** und **dauernde Zustände** und **Gewohnheiten** der Vergangenheit:
→ Wie war es damals? Was passierte häufig oder regelmäßig? Was war schon da / vorhanden?
Das ***Imparfait*** (und nie das *Passé composé*) steht immer, wenn man heute mit früher vergleicht.

Avant, j'avais les cheveux longs. **Aujourd'hui**, j'ai les cheveux courts.

Das ***Passé composé*** entspricht einer **Veränderung**, einer **einmaligen Handlung** oder einer **Folge** von **mehreren Handlungen**, die in einer **bestimmten Zeit** passieren.
→ Was ist dann passiert? Was hast du dann gemacht?

5 Ziehe einen Kreis um die richtigen Zeitformen und benenne sie.

a) Je faisais / J'ai fait un beau rêve quand le téléphone a sonné / sonnait.

b) Chaque fois qu'elle est allée / allait dans ce café, elle a pris / prenait un thé citron.

c) Quand elle a vu / voyait Kevin pour la première fois, il a porté / portait un blouson rouge.

d) J'ai été / J'étais pressée alors j'ai couru / je courais et je suis tombée / je tombais.

e) Pendant que les garçons ont joué / jouaient au volley, les filles les ont regardés / regardaient.

6 Setze die Verben in die richtige Vergangenheitsform (*Imparfait* oder *Passé composé*).

Chaque année, j' **(aller)** allais ✓ en Bretagne chez mes grands-parents. Je n' **(aimer)** aimais ✓ pas la Bretagne parce qu'il **(pleuvoir)** pleuvait ✓ souvent et que la mer **(être)** étrait ✓ toujours froide. Et puis une fois, mes parents **(décider)** ont décidé ✓ d'aller sur la Côte d'Azur. Nous **(faire)** avons fait ✓ du camping au bord de la mer. Moi, j' **(adorer)** adorais f ai adoré ces vacances. Mais mes parents **(détester)** détestaient f ont désté le bruit et … les prix.

7 Setze die folgende Erzählung in die Vergangenheit. Verwende dazu Formen des *Imparfait* und des *Passé composé.*

Ce jour-là, je fais de la voile avec des copains. Le ciel est bleu, il fait très chaud alors on décide de nager. J'arrête le bateau et tout le monde, sauf moi, saute dans l'eau. Je les regarde faire les fous et j'ai envie de me baigner aussi. Mais juste au moment où je veux plonger, je vois passer quelque chose de noir près du bateau. J'appelle vite les copains et je leur dis de revenir. Ils rigolent et continuent de jouer. Je crie plus fort «Remontez vite, il y a un requin*». Ils reviennent à bord à toute vitesse. Nous sommes tous blancs de peur. L'objet noir arrive dans notre direction. Et c'est là que nous voyons que ce n'est pas un requin mais un sac poubelle.

*un requin: ein Hai

faire de la voile -> segeln
envie -> Lust

8 a) Inzwischen kennst du viele Wörter, die einen Bezug zu den Ferien am Meer haben. Hier sind 6 Wörter durcheinander geraten. Füge die Silben zusammen, und schreibe sie auf.

PLA	SA	LA	LON	LE	CO	BA
GE	VOI	GE	BLE	QUIL	TEAU	BAL

____

____

b) Ergänze die Sätze mit den gefundenen Wörtern.

Elodie et sa copine vont tous les jours

à la ________________ de Fécamp.

Elles sont allongées sur le

________________ chaud.

Elles regardent des garçons qui jouent

au ________________.

Laurent fait un stage de ________________ à Fécamp.

Il propose aux filles de faire un tour en ________________ avec lui.

Le petit garçon a trouvé un beau ________________.

9 In jeder Zeile ist ein Wort fehl am Platz. Markiere es mit einem Kreis.

a) un jean – des cheveux – un t-shirt – un short – des lunettes
b) grand – baraqué – fort – jaloux – sportif
c) plaire – avoir le coup de foudre – rester – flasher – aimer
d) SMS – message – soirée – portable – allô
e) beau – mignon – timide – joli – charmant

10 Junge Franzosen benutzen ihre eigene Sprache. Finde in der rechten Spalte, was man dafür in „Standardfranzösisch" sagt.

1.	se balader
2.	être canon
3.	un mec
4.	c'est dingue!
5.	flasher sur quelqu'un
6.	Quelle nouille!
7.	Arrête ton cinéma!

a)	un garçon, un homme
b)	tu ne dis pas la vérité!
c)	être très beau/belle
d)	je suis vraiment bête!
e)	faire une promenade
f)	c'est fou!
g)	regarder avec intérêt

11 Es ist wichtig, gute Reflexe zu haben und schnell zu reagieren. Was würdest du in diesen Situationen sagen?

1. pour t'excuser:

☐ a) Ce n'est pas vrai. ☐ b) Zut alors! ☐ c) Je suis désolé(e).

2. pour dire que tu n'es pas d'accord avec quelque chose:

☐ a) Pas mal. ☐ b) Je suis contre. ☐ c) Je suis nul(le).

3. si tu es en colère contre quelqu'un:

☐ a) Je ne veux plus te voir. ☐ b) Nous deux, c'est pour la vie. ☐ c) Je te demande pardon.

4. pour donner ton avis:

☐ a) Je vais t'appeler. ☐ b) je pense que … ☐ c) Je t'interdis de dire ça!

5. pour donner un conseil à un(e) ami(e):

☐ a) Dis-moi comment faire. ☐ b) Je n'ai pas envie. ☐ c) A mon avis, il faut …

12 Alex lernt zwar fleißig, aber sein Gedächtnis spielt ihm Streiche. Hilf ihm die richtigen Worte zu finden.

a) Le volley est un sport d'**épique**. ____________________

b) Charlotte préfère le garçon le plus **bréchan**. ____________________

c) Il est très beau avec ses **nulteste** de soleil. ____________________

d) Elle a tout de suite le coup de **defuro** pour lui. ____________________

e) Alors elle est très en **lorèce** ____________________
quand elle le voit avec une autre fille.

13 Das ist dir alles schon bekannt: viele Wörter, die einen Zeitzusammenhang ausdrücken. Füge in der Tabelle die passenden Vokabeln ein.

Französisch	**Deutsch**
	gestern
le lendemain	
alors	
plus tard	
	zuerst
tout à coup	
depuis	
	danach
à partir de maintenant	
	in den Ferien
	endlich, schließlich

Hören und verstehen 1

14 Höre genau hin. Die folgenden Aussagen sind entweder richtig oder falsch.

1. ☐ richtig ☐ falsch
2. ☐ richtig ☐ falsch
3. ☐ richtig ☐ falsch
4. ☐ richtig ☐ falsch
5. ☐ richtig ☐ falsch
6. ☐ richtig ☐ falsch
7. ☐ richtig ☐ falsch
8. ☐ richtig ☐ falsch

Hören und nachsprechen 2

15 Höre dir die folgenden Sätze an und sprich sie nach.

Hören und schreiben 3

16 Höre dir den vollständigen Text an und ergänze die Lücken.

Laurent n'est pas un garçon très ______________.

Il ______________ toutes les filles.

A l'__________________________ de David,

il ______________ avec Charlotte toute

la ______________. Mais le ______________________,

il donne _______________________ à Elodie au café de la ______________.

Elodie __________________ son petit jeu et montre son _______________

à sa copine. Charlotte ______________ d'abord qu'Elodie est

________________. Puis ensemble, elles se ________________ de lui.

Das Wesentliche verstehen

17 a) In dieser Lektion spielt das Handy eine wichtige Rolle. Auch im Alltag der französischen Jugendlichen ist dieses Gerät unentbehrlich. Was erfahren wir darüber? Lies den Bericht und prüfe die anschließenden Aussagen auf ihre Richtigkeit.

Le succès du portable et du SMS

Les ados d'aujourd'hui n'ont pas connu l'époque préhistorique où le téléphone était fixe et où les conversations étaient souvent entendues par quelqu'un de la famille. Impossible alors de flirter ou d'échanger des secrets avec ses amis. Heureusement aujourd'hui il y a le portable, cet appareil individuel qui permet de fixer rendez-vous, de rester en contact et de ne pas se sentir seul. Pour un jeune, c'est l'instrument idéal pour être à la fois indépendant et proche des siens. Les opérateurs et fabricants de téléphones mobiles ont vite compris que les ados, grands amateurs de nouveauté, étaient leurs principaux clients. Et les chiffres montrent bien que ce sont les jeunes de 11 à 17 ans qui utilisent le plus les SMS et MMS. Comment expliquer ce succès de l'écrit alors qu'il est si facile de se parler de vive voix?

	richtig	falsch
1. Früher gab es nur ein Telefon in der Familie.	☐	☐
2. Man konnte trotzdem allein in Ruhe telefonieren.	☐	☐
3. Das Handy schafft Unabhängigkeit und Nähe.	☐	☐
4. Die Erwachsenen sind Hauptbenutzer des Handys.	☐	☐
5. Zur Zeit werden wenige SMS geschickt.	☐	☐

b) Junge Leute erzählen, warum sie SMS mögen. Notiere anschließend, von wem die Aussagen stammen.

Caroline, 13 ans

Quand on appelle quelqu'un, on risque de le déranger à un moment où il n'a pas envie de parler. Mais on peut lire un SMS quand on veut.

J'écris à mes copains et copines. On se raconte ce qu'on fait. La question, c'est souvent: «Tu fais quoi?». Mais on discute aussi de plein de choses, même tard le soir.

Sophie, 12 ans

David, 16 ans

Je préfère envoyer des SMS car téléphoner, c'est plus cher. Je ne suis pas un accro de l'écriture mais avec le SMS, on ne doit pas faire attention aux fautes d'orthographe. J'écris en raccourci. Par exemple «KOI 29» pour «quoi de neuf?».

Se réveiller le matin sans avoir de SMS, c'est déprimant. Inversement, quelle joie de lire le nom de ses amis affichés sur l'écran. Le message n'est pas très important, c'est le fait de voir que les autres pensent à vous qui fait le plus plaisir.

Julie, 14 ans

Antony, 16 ans

On utilise le SMS pour flirter et pour demander «Tu veux sortir avec moi?». On écrit des choses qu'on n'oserait pas dire directement. C'est plus facile d'écrire «je t'aime» que de le dire en face.

C'est plus discret que de téléphoner: on peut écrire des choses privées en présence d'autres personnes, même en classe! Mais comme les messages sont très courts, on les interprète mal quelquefois, surtout quand on a une dispute avec quelqu'un.

Laurent, 17 ans

Wer sagt das?

1. Es ist billiger, eine SMS zu schreiben. ____________________
2. Man kann sogar in der Nacht Freunde kontaktieren. ____________________
3. Eine SMS stört weniger als ein Anruf. ____________________
4. Der Inhalt der Nachricht ist nicht das wichtigste. ____________________
5. Man wagt mehr zu schreiben als direkt zu sagen. ____________________
6. Rechtschreibfehler spielen hierbei keine Rolle. ____________________
7. Es führt manchmal zu Missverständnissen. ____________________

LEKTION 2

Das Plusquamperfekt – *Le plus-que-parfait*

Das *Plus-que-parfait* beschreibt eine **Handlung**, die zeitlich **vor** einem anderen **Geschehen** in der **Vergangenheit** liegt.

Aujourd'hui il a lu le journal qu'il **avait acheté** hier en France.
Er hat (erst) heute die Zeitung gelesen, die er gestern in Frankreich gekauft hatte.

Das *Plus-que-parfait* wird gebildet aus dem *Imparfait* von *avoir* oder *être* und dem *Participe passé* des jeweiligen Verbs.
Das *Participe passé* mit *être* richtet sich in Genus und Numerus nach dem Subjekt.

Elle **était** déjà parti**e** quand je suis passé chez elle.
Sie war schon weg(gegangen), als ich bei ihr vorbeigeschaut habe.

1 Ergänze die Sätze mit einem *Plus-que-parfait*.

Je n'ai rien mangé ce matin. – Ah bon, je croyais que tu **(prendre)**

_______________ un bon petit déjeuner.

La visite de l'Hôtel-Dieu a plu à Thomas. – Ah oui? Je pensais qu'il **(faire)**

_______________ la sieste tout le temps!

Julia n'a pas répondu aux questions. – C'est bizarre, je croyais qu'elle

(tout noter) _______________.

Deux élèves se sont perdus. – Ah! Pourtant ils **(recevoir)** _______________

_______________ un plan de la ville.

Mes parents sont en colère parce que je n'ai pas appelé. – Eh oui, pourtant

je **(te dire)** _______________ de leur téléphoner!

2 Beantworte die Fragen und verwende das *Plus-que-parfait.*

Pourquoi est-ce que …

… Mme Fritz connaissait bien la région?

Parce qu'elle **(déjà venir)** ______________________ ici avec sa classe.

… la prof n'a pas pu manger sa crêpe?

Parce que les élèves **(mettre)** ______________ de la moutarde dedans.

… Thomas a pu faire des photos?

Parce qu'il **(apporter)** ___________________ son appareil numérique.

… Isabelle a eu mal au ventre?

Parce qu'elle **(manger)** ________________________ trop d'escargots.

… les élèves ont dormi pendant le retour?

Parce qu'ils **(passer)** ______________ une nuit blanche dans l'auberge.

… Mme Fritz a rigolé?

Parce que sa classe lui **(acheter)** ________________________ un coq.

Die Relativpronomen *ce qui* / *ce que* – *Les pronoms relatifs «ce qui» / «ce que»*

Ce qui und *ce que* entsprechen dem deutschen Relativpronomen „was".
Ce qui ist **Subjekt**, ***ce que*** ist direktes **Objekt** des folgenden Verbs.

Achète ce que tu veux.	– (das) was du willst. (Objekt)
Achète ce qui coûte le moins cher.	– (das) was am billigsten ist. (Subjekt)

Vor einem **Vokal** wird ***ce que*** zu ***ce qu'*** gekürzt.

3 Kombiniere die Elemente, um sinnvolle Aussagen zu machen.

1.	Isabelle croit savoir
2.	La classe a fait
3.	Au Moyen-Age il y avait deux malades par lit
4.	On a fait demi-tour à cause de Florian
5.	Ils ont rigolé toute la nuit
6.	Nous avons regardé et admiré

a)	ce qui ne devait pas être pratique.
b)	ce que Niepce avait inventé.
c)	ce qui est normal pour des jeunes!
d)	ce que Mme Fritz voulait.
e)	ce que Thomas a bu au dîner.
f)	ce qui nous a mis en colère.

4 Ergänze mit *ce qui* oder *ce que.*

a) Je ne sais pas ce que je vais faire ce soir.

b) Dis-moi ce qui est typique de la région.

c) Montre-moi ce que tu as acheté.

d) Je ne comprends pas ce qui te dérange.

e) Il faut toujours lui dire ce qu' il doit faire.

f) Ils ne sont pas fatigués ce qui est normal pour des jeunes!

g) On ne sait pas ce qu' ils ont fait pendant la nuit.

Das Relativpronomen *dont* – *Le pronom relatif «dont»*

Das Relativpronomen ***dont*** bezieht sich auf **Personen** und **Sachen** im **Singular** und **Plural**. Es ersetzt eine **Ergänzung mit *de*** im Relativsatz.

C'est un voyage **dont** les élèves parlent encore. (= ils parlent encore **de ce voyage**)	… von der sie noch reden.
Le portable est un appareil **dont** les jeunes sont fous. (= ils sont fous **de cet appareil**)	… nach dem die Jugendlichen ganz verrückt sind.
C'est une histoire **dont** on ne connaît pas la fin. (= on ne connaît pas la fin **de l'histoire**)	… deren Ende unbekannt ist.

5 Bilde aus den zwei Sätzen einen einzigen Relativsatz mit *dont*.

L'Hôtel-Dieu était un hôpital. On parle de cet hôpital dans la leçon 2.

l'hôt

La classe visite la Bourgogne. Mme Fritz a gardé un bon souvenir de la Bourgogne.

La prof a donné une liste. Les élèves ont besoin de cette liste pour répondre aux questions.

____

____

Thomas a une corres. Il est amoureux de sa corres.

____

____

Julia a acheté le portable. Elle rêvait de ce portable depuis longtemps.

____

____

Tipp

Die Wortstellung im Relativsatz mit *dont* entspricht immer der Wortstellung im Aussagesatz.
Das Nomen im Relativsatz mit *dont* steht immer mit einem Begleiter.

Das Relativpronomen *lequel* – *Le pronom relatif «lequel»*

Das Relativpronomen ***lequel*** steht nach **Präpositionen** *(dans, sur, avec …)* und nach präpositionalen **Ausdrücken** mit ***de*** *(près de, à côté de …)*. Es bezieht sich in der Regel auf **Sachen**. In **Genus** und **Numerus** richtet sich *lequel* nach dem Wort, auf das es sich bezieht.

La maison (fem. sing.) dans **laquelle** j'habite.
L'appareil (masc. sing.) avec **lequel** elle a fait ces photos.
Les affiches (fem. plur.) sur **lesquelles** on voit le groupe.
Les cars (masc. plur.) dans **lesquels** ils ont voyagé.

Wenn ***lequel*** mit den Präpositionen ***à*** und ***de*** zusammen kommt, ergeben sich die folgenden Formen:

à + lequel → **au**quel	de + lequel → **du**quel
à + lesquels → **aux**quels	de + lesquels → **des**quels
à + laquelle → à laquelle	de + laquelle → de laquelle
à + lesquelles → **aux**quelles	de + lesquelles → **des**quelles

Tipp

Bei **Personen** steht in der Regel ***qui***.

Les copains avec qui j'ai voyagé.

6 Füge die richtige Form von *lequel* in diese Sätze ein.

L'hôtel dans ________________ nous avons dormi.

L'église dans ________________ on voit la chouette.

Les étagères sur ________________ il y a des épices.

L'appareil avec ________________ il fait des photos.

La raison pour ________________ je suis ici.

Les jours pendant ________________ j'étais malade.

7 Ergänze die Beispiele mit *à* + *lequel*.

Le voyage ____________ La visite ____________ Les concerts ____________ Les excursions ____________	nous avons participé.
Les choses ____________ Le cadeau ____________ La surprise ____________ Les moments ____________	je pense.

8 Auch wenn es nicht ganz korrekt ist, benutzen die Franzosen heute oft *lequel* für Personen. Verbessere ihre Aussagen.

Les personnes *auxquelles* ____________ j'ai parlé.

Le monsieur près *duquel* ____________ j'ai voyagé.

Les gens chez *lesquels* ____________ j'ai habité.

La fille à *laquelle* ____________ il écrit.

Les amis à côté *desquels* ____________ j'habite.

9 Welches Wort passt nicht in die Zeile? Markiere es.

a) chouette – jambon – escargot – coq
b) toit – porte – terrasse – plan
c) autoroute – péage – siècle – ticket
d) guide – église – musée – Hôtel de ville

10 Bilde gegensätzliche Verbpaare.

continuer ↔ _ ' _ _ _ _ _ _ _

trouver qc ↔ _ _ _ _ _ _

arriver ↔ _ _ _ _ _ _

recevoir un e-mail ↔ _ _ _ _ _ _ _

poser une question ↔ _ _ _ _ _ _ _ _

pleurer ↔ _ _ _ _ _ _ _

11 Inzwischen kennst du einige französische Spezialitäten. Verbinde sie.

1.	du pain
2.	des escargots
3.	des bonbons
4.	un coq
5.	des galettes
6.	un sandwich

a)	au cassis
b)	au fromage
c)	aux herbes
d)	d'épice
e)	au vin
f)	au sarrasin

12 Für die Franzosen ist das Essen sehr wichtig, deshalb spricht man gerne auch unter Jugendlichen über sein Lieblingsrezept. Um mitzumachen, brauchst du nur die folgenden Verben zu kennen:

faire | mélanger | battre | laisser reposer | ajouter | mettre | faire cuire | verser

Benutze sie im richtigen Satz und im Imperativ Singular. Ein Verb kann auch mehrmals vorkommen.

Préparation des crêpes

______________________ la farine

dans un saladier.

______________________ un trou

au centre. ______________________

les œufs. ______________________

les œufs sur la farine.

______________________ le lait, le sel et l'huile. ______________________

le tout avec de l'eau. ______________________ la pâte deux

heures. ______________________ les crêpes dans une poêle.

______________________ du chocolat, du sucre ou de la confiture.

Bon appétit!

13 Die Schüler aus Mainz sprechen während der Rückfahrt noch Französisch. Aber sie sind müde, machen Fehler und verwechseln die Adjektive. Berichtige sie.

a) La moutarde de Dijon est très **(lourde)**

______________________ .

b) Thomas a pris son appareil **(postal)**

______________________ .

c) Le toit de l'Hôtel-Dieu est **(fort)** ______________________ du côté rue.

d) L'Archéodrome est un site **(numérique)** ______________________ .

e) On a eu un programme très **(blanc)** ______________________ .

f) J'ai envoyé une carte **(préhistorique)** ______________________ à ma famille.

g) On a passé une nuit **(grise)** ______________________ .

14 Ergänze folgende Infinitivsätze mit *pour, sans, avant de, après.*

Ils ont passé une nuit

________________ dormir.

Ils ont dû s'arrêter ________________ payer le péage.

________________ quitter la France, ils ont acheté des souvenirs.

________________ avoir mangé des sandwichs, ils ont visité un musée.

Thomas avait fixé rendez-vous à Laure ________________ venir ici.

Pendant la visite, un élève a quitté le groupe ________________ faire de bruit.

Hören und verstehen 4

15 Höre genau hin. Die folgenden Aussagen sind entweder richtig oder falsch.

1.	☐ richtig	☐ falsch	5.	☐ richtig	☐ falsch
2.	☐ richtig	☐ falsch	6.	☐ richtig	☐ falsch
3.	☐ richtig	☐ falsch	7.	☐ richtig	☐ falsch
4.	☐ richtig	☐ falsch	8.	☐ richtig	☐ falsch

Hören und nachsprechen 5

16 Höre dir die folgenden Sätze an und sprich sie nach.

Hören und schreiben 6

17 Höre dir den vollständigen Text an und ergänze die Lücken.

Les ______________ de la 8e B sont arrivés à Dijon ________ ________ octobre après __________ ________________ de route. Le premier soir, ils ont dîné avec des Français et ils ________ ________ manger des ____________________. ____ ______________________, ils ont visité la ville et comme tous les touristes, ils ont _______________ la chouette et pris beaucoup de photos. Le 2e jour, ils sont allés à Beaune ________ ________ pour voir le célèbre Hôtel-Dieu, ____________________ au Moyen-Age. Après ça, ils ont fait une ____________________ à Chalon, ____ ______________ de la photographie. Et _______________ deux nuits, personne n'a __________________ ___________. Mais ça ne fait rien quand on est jeune, on n'est ________________ ________________!

Informationen heraussuchen

18 Die deutschen Schüler verbringen eine aufregende Nacht in einer Jugendherberge. Hier erfährst du mehr über diese günstige Übernachtungsmöglichkeit.

Les auberges de jeunesse (A. J.)

Création

L'idée des A. J. est née en Allemagne. Monsieur Schirrmann, un professeur des écoles organise, dès 1901, des voyages avec ses élèves qui ne connaissent que la grisaille de la grande ville. Il décide de les emmener faire des randonnées et découvrir la nature. Et pour héberger tout ces jeunes de milieux modestes, il doit trouver dans tous les endroits visités des chambres bon marché. Plus tard, le concept des A. J. se répand dans toute l'Europe et, en 1932, il devient même plus international. Aujourd'hui, il existe environ 4426 A. J. dans 60 pays du monde qui accueillent chaque année environ 4 millions de personnes. Les ajistes (membres des A. J.) peuvent loger dans des lieux fantastiques comme Los Angeles, Dublin ou Tokyo pour un prix vraiment sympa.

Les principes des A. J.

Tout le monde est bienvenu, mais l'offre s'adresse surtout aux jeunes à qui on veut montrer des modèles d'éducation civique et morale.
Tout est fait pour favoriser le bon contact entre les membres.
L'association accorde une grande importance à la protection de l'environnement.
Les A. J. sont sans but lucratif.

Les normes à respecter et les services proposés

L'hébergement se fait dans des dortoirs non-mixtes. Sur demande, il est possible dans certaines auberges, de réserver une chambre ou des dortoirs mixtes.
Les draps sont fournis.
Chacun s'engage à maintenir la propreté des lieux.
Douches et lavabos sont en nombre suffisant.
Un service de restauration est disponible. Par ailleurs, une cuisine équipée permet de préparer ses repas soi-même.
La sécurité est garantie.

Entnimm der Webseite die folgenden Informationen und trage sie ein.

- Staatsangehörigkeit des Gründers: ______________________
- Sinn und Zweck der Reisen mit den Schülern: ______________________
- Seit wann existieren weltweit Jugendherbergen: ______________________
- Anzahl der heutigen Jugendherbergen: ______________________
- Wer darf in einer Jugendherberge übernachten: ______________________

  ____

  ____
- Zu welchem Preis: ______________________
- Wo ist man untergebracht: ______________________
- Wie kann man sich versorgen: ______________________

  ____

  ____

LEKTION 3

Die Bildung der Adverbien (1) – *La formation des adverbes* (1)

Die **Adverbien** beschreiben, auf welche **Art und Weise** etwas geschieht.

Il travaille **sérieusement**. — Er arbeitet ernsthaft.
Elle parle **correctement**. — Sie spricht korrekt.

Anders als im Deutschen haben Adjektive und Adverbien im Französischen verschiedene Formen.

C'est un devoir **facile**. — … eine leichte Hausaufgabe.
J'ai fait **facilement** mon devoir. — Ich habe meine Aufgabe leicht gemacht.

Die meisten Adverbien werden von der **femininen Form** des **Adjektivs** abgeleitet, an die man ***-ment*** anhängt.

long → longue → longuement
premier → première → premièrement

Beachte: Das Adverb zu *gentil/gentille* wird unregelmäßig gebildet:
gentil → genti**lle** → aber **gentiment**

Tipp Bei den Adjektiven, die im Maskulinum auf Vokal enden *(vrai, joli …)* wird die Endung *-ment* an die maskuline Form angehängt.

1 Finde die Adverbien.

drôle: drôlement	vrai: vraiement
normal: normalemen	heureux: heureusement
gratuit: gratuitement	dernier: dérnierement
actif: actilement	prochain: prochainment
sûr: sûrement	seul: seulement

2 Ersetze die Adjektive durch Adverbien.

Grégoire parle **(triste)** ______________________ de sa vie.

Le contrôleur regarde **(bizarre)** ______________________ Babaka.

Nouria ne se sent pas **(complet)** ______________________ française.

Nathan s'endort **(régulier)** ______________________ en classe.

Il s'entraîne **(long)** ______________________ pour son numéro.

Il se couche **(rare)** ______________________ tôt.

Elle répond **(direct)** ______________________ aux questions.

Sonderformen von Adverbien – *Formes spéciales de l'adverbe*

Es gibt drei Sonderformen von Adverbien, die sich vom Adjektiv unterscheiden:

Adjektiv	**Adverb**
bon – mauvais – meilleur	bien – mal – mieux

Die Adjektive begleiten ein Nomen. Die **Adverbien** bestimmen ein **Verb**, ein **Adjektiv** oder ein anderes **Adverb**. Sie sind **unveränderlich**.

3 Entscheide, ob Adjektiv oder Adverb.

Nathan n'est pas un (bon / bien) ________________ élève.

Il a souvent des (mauvaises / mal) ______________________ notes.

Tu danses (bon / bien) ________________. Mais David danse beaucoup (meilleur / mieux) ________________ que toi.

C'est une (bonne / bien) ________________ actrice. Malheureusement elle joue souvent dans des (mauvais / mal) ________________ films.

Tu parles (bon / bien) ________________ français!

Merci, mais toi tu as de (meilleures / mieux) ______________________ notes que moi.

Ici, on trouve les (meilleurs / mieux) ______________________ gâteaux.

Tipp Im Französischen gibt es auch ursprüngliche Adverbien, die keine spezielle Endung haben, wie z. B. *déjà, ici, souvent, très* oder *trop*.

Die Steigerung der Adverbien – *Les degrés des adverbes*

Der **Komparativ** des Adverbs wird genauso gebildet wie beim Adjektiv mit:
plus … que, aussi … que, moins … que

Der **Superlativ** wird mit *le plus* … bzw. *le moins* … gebildet.

Beachte: Die Steigerungsformen des Adverbs sind ebenfalls Adverbien und deshalb unveränderlich. Es heißt also bei einem weiblichen Subjekt immer:

Elle parle **le** plus vite. Sie redet am schnellsten.

4 Setze das richtige Adverb ein.

Nathan rigole **(weniger oft als)**

____________________ les autres.

Il manque **(öfters als)**

____________________ ses copains.

Il apprend **(genauso gut wie)**

____________________ les autres.

Il répond **(am schnellsten)** ____________________________ .

Mais il oublie **(schneller)** ________________________ ses leçons.

5 Neben den Adverbien auf *-ment* hast du schon viele Adverbien ohne spezielle Endung kennen gelernt. Ergänze die Tabelle.

Französisch	Deutsch
ici	
	dort(hin)
	morgen
souvent	
	zuviel
	schon
tard	
longtemps	
	genug, ziemlich

Die reflexiven Verben: Präsens – *Les verbes pronominaux: Présent*

Reflexive Verben sind Verben, die sich auf das Subjekt (zurück)beziehen.
Sie haben immer ein Reflexivpronomen bei sich.

se laver

Présent:	*Impératif:*
je **me** lave	
tu **te** laves	lave-**toi** / ne **te** lave pas!
il/elle/on **se** lave	
nous **nous** lavons	lavons-**nous**!
vous **vous** lavez	lavez-**vous** / ne **vous** lavez pas!
ils/elles **se** lavent	

Die Reflexivpronomen haben bei der Verneinung die gleiche Stellung wie die Objektpronomen:

Il ne **se** lave pas souvent. Il n'aime pas **se** laver.

6 Setze die Verben ins *Présent.*

Normalement , je **(se lever)** ________________ à 7h.

Mais demain, je ne dois pas **(se lever)** ________________ tôt!

Les gens du cirque **(s'entraîner)** ________________________ beaucoup.

C'est toi qui **(s'occuper)** ________________________ des animaux?

Elle **(ne pas se sentir bien)** ____

aujourd'hui.

Tu **(se balader)** ________________________ souvent en ville?

Nous **(se moquer)** ________________________ souvent des profs.

Die reflexiven Verben: Das *Passé composé* – *Le passé composé des verbes pronominaux*

Anders als im Deutschen wird das *Passé composé* und das *Plus-que-parfait* der reflexiven Verben im Französischen mit ***être*** gebildet.

Je me **suis** lavé(e)	ich habe mich gewaschen
tu t'**es** lavé(e)	du hast dich gewaschen
il s'**est** lavé	er hat sich gewaschen
elle s'**est** lavée	sie hat sich gewaschen
on s'**est** lavés	wir haben uns gewaschen
nous nous **sommes** lavé(e)s	wir haben uns gewaschen
vous vous **êtes** lavé(e/s)	ihr habt euch gewaschen / Sie haben sich gewaschen
ils se **sont** lavés	sie haben sich gewaschen
elles se **sont** lavées	sie (weiblich) haben sich gewaschen

Das *Participe passé* richtet sich meistens nach dem Subjekt.
Für die Verneinung gelten die gleichen Regeln wie bei den Objektpronomen:

Je **ne** me suis **pas** lavé.

7 Setze die Verben ins *Passé composé.*

Elle **(se mettre)** ______________________ en colère.

Après, elle **(s'excuser)** ____________________________.

Nous **(s'endormir)** ______________________________________ très tard.

Marc **(se disputer)** ____________________________ avec Léa.

Elodie, tu **(bien s'amuser)** ___________________________________?

Vous **(se baigner)** ____?

Je **(se lever)** ____________________________________ trop tard.

8 Bilde den zweiten Satz, indem du ein Verb aus der Liste wählst und ins *Passé composé* setzt.

se retrouver dans un café

s'entraîner comme un fou

se cacher

se balader dans la forêt

se baigner

Nadine aime les promenades.

Elle ____.

David avait rendez-vous avec des copains.

Ils ____.

Nous sommes allés à la plage.

Nous ____.

Il va participer aux jeux olympiques.

Il ____.

Elles ne voulaient pas rencontrer Victor.

Elles ____.

Die Inversionsfrage – *L'interrogation par inversion*

Im Französischen kann man die gleiche Frage in 3 verschiedenen Formen stellen. Zum Beispiel „Wo wohnt er?":

- Il habite où?
- Où est-ce qu'il habite?
- Où habite-**t**-il?

Die 3. Form heißt **Inversionsfrage**, weil das Verb vor dem Subjekt steht. Auch wenn diese Fragestellung der deutschen Form ähnlich ist, wird sie eigentlich nur in der **förmlichen Rede** und in der **Schriftsprache** verwendet.

Bei *il/elle/on* tritt ein ***-t*** dazwischen, wenn die Verbform auf ***-e*** oder ***-a*** endet. Das ***-t*** ist nur dazu da, die Aussprache zu erleichtern.

9 Setze die folgenden Fragen in die förmliche Rede um.

Tu fais quoi? ____________________?

Elle est née où? ____________________?

Il aime l'école? ____________________?

Il arrive quand? ____________________?

On commence à quelle heure? ____________________?

Elle a compris? ____________________?

10 In dieser Lektion wird viel über Schulalltag, Zirkus und Verkehrsmittel erzählt. Sortiere die angegebenen Vokabeln in die passende Spalte ein.

les animaux – applaudir – un arrêt – le bus – la classe – le clown – le contrôleur – le cours – descendre – le devoir – les élèves – l'emploi du temps – s'entraîner – une matière – monter – la note – le numéro du soir – un P.V. – la rentrée – redoubler – le singe – le ticket – voyager au noir

collège	cirque	transport

11 Im Text „Rebelle n° 10“ hast du neue Wörter kennen gelernt. In diesem Rätsel wirst du sie wieder finden. Fülle die Felder in der Reihenfolge der Umschreibungen aus. Ein Buchstabe aus dem Wort s*ourire* (lächeln) und die Anzahl der Kästchen für die Buchstaben sind dir als Hilfe vorgegeben.

a) Dans la classe, il y a des tables et des … ?
b) Un autre verbe pour dire «être actif, faire bien quelque chose».
c) Un accessoire pratique quand il pleut.
d) Un autre mot pour «rire».
e) Si on est malade à l’école, on va à l’ … ?
f) C’est le mot *arabe* en verlan.
g) C’est une personne qui vient d’un autre pays.

a)
b)
c)
d)
e)
f)
g)

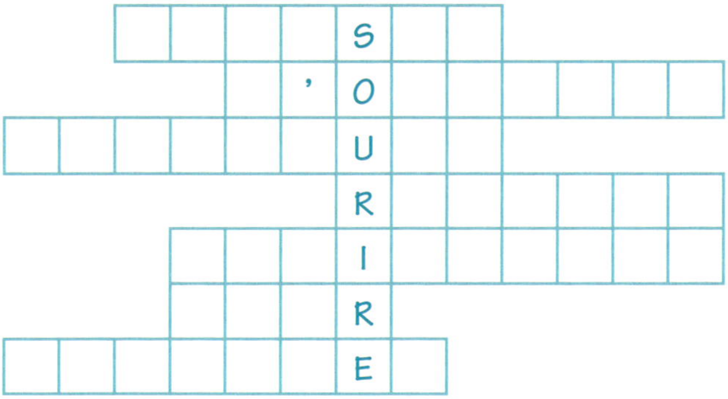

12 Welches Wort gehört nicht in die Reihe?

a) **les oreilles – le bloc – le sourire – les yeux**
b) **le matin – l’après-midi – le quart – le soir**
c) **la matière – l’hiver – l’été – le printemps**
d) **le lit – la table – la chaise – la scène**
e) **le français – l’anglais – le verlan – l’espagnol**

13 Jeder hat seine eigene Meinung! Übersetze die verschiedenen Kommentare.

– **L'école, ce n'est pas intéressant.**

Ich bin nicht einverstanden!

____.

Da hast du Recht.

____.

Ich bin mir nicht sicher.

____.

– **On contrôle seulement les étrangers.**

Es ist schade , aber …

____…

Das ist mir egal!

____.

Ich finde es normal.

____.

– Nadia ne veut plus nous parler.

Das ist wirklich dumm/blöd.

____.

Wir müssen was tun!

____.

Ich weiß nicht mehr, was tun.

____.

– Je vais à une exposition au CDI. Vous venez avec moi?

Einverstanden!

____.

Es interessiert mich nicht!

____.

Schade: ich kann nicht.

____.

Hören und verstehen 7

14 Höre genau hin. Die folgenden Aussagen sind entweder richtig oder falsch.

1. ☐ richtig ☐ falsch
2. ☐ richtig ☐ falsch
3. ☐ richtig ☐ falsch
4. ☐ richtig ☐ falsch
5. ☐ richtig ☐ falsch
6. ☐ richtig ☐ falsch
7. ☐ richtig ☐ falsch
8. ☐ richtig ☐ falsch

Hören und nachsprechen 8

15 Höre dir die folgenden Sätze an und sprich sie nach.

Hören und schreiben 9

16 Höre dir den vollständigen Text an und ergänze die Lücken.

J'étais dans le bus ______________

______________. Je voulais aller

______ ______________. A un arrêt,

un contrôleur ______ ______________,

mais il n'a ______________ pas regardé mon ticket.

Il m'a ______________ regardé

avec un air bizarre. Et juste quand

j'ai voulu ______________,

il m'a demandé mon ticket. Seulement ______________ ______________,

pas aux autres. Ou bien, on contrôle ______________ ______________ ______________,

ou bien ______________!

Das Wesentliche verstehen

17 Neben den Klassenzimmern gibt es viele andere Orte an der Schule, die dir sehr nützlich sein können. Lies diesbezüglich die Ratschläge aus einem französischen Schulmagazin. Verbinde anschließend die Beschreibungen mit dem jeweiligen Ort.

Collège – Mode d'emploi. Les lieux stratégiques.

La salle de permanence (ou «perm»)

Tu as sûrement un gros programme cette année et peu de temps pour tout faire. Alors va en perm, chaque fois que tu as une heure libre entre deux cours ou bien si un de tes profs est malade. Ici, il n'y a pas de bruit ni de chahut. Tu peux faire tranquillement tes devoirs et apprendre tes leçons. Comme ça, tu auras plus de temps libre à la maison. Et si tu as un problème, demande aux pions: certains sont très sympas et savent beaucoup de choses.

Le CDI (centre de documentation et d'information)

C'est là que tu trouveras toutes les infos utiles pour tes devoirs ou exposés. Tu peux y consulter des magazines, livres, brochures, mais aussi utiliser les ordinateurs pour surfer sur Internet. Et puis, n'oublie pas que la documentaliste est là pour t'aider. Elle sait tout, même où se cachent les articles dont tu as besoin.

La cantine

Si tu n'as pas la possibilité de rentrer chez toi à midi, tu mangeras ici des choses pas trop mauvaises. Par exemple, steak haché – purée, spaghetti bolognaises et, de temps en temps, un plat exotique comme le couscous ou la paella. Et puis, tu as le choix entre plusieurs entrées et desserts. Franchement, pour le prix, c'est mieux que le McDo!

Le gymnase

Sur le principe: «Il faut être bien dans son corps comme dans sa tête», pense à faire travailler tes muscles pendant les cours d'EPS (éducation physique et sportive). Bouger, c'est idéal pour éliminer le stress, développer la coordination et entretenir la forme. Vas-y le plus souvent possible, tu te sentiras beaucoup mieux dans ta peau. Et … tu seras plus beau/belle!

Um welchen Ort geht es? Notiere aus der folgenden Liste den entsprechenden Buchstaben neben der Beschreibung. Zu jedem Ort passen zwei Umschreibungen.

a) dans le CDI b) dans la salle de perm c) au gymnase d) à la cantine

1. On y prend le déjeuner. ☐
2. On y consulte livres et magazines. ☐
3. On y va pour faire du sport. ☐
4. Ici, on peut se concentrer tranquillement. ☐
5. On y propose un grand choix de plats. ☐
6. On y va pour ne pas perdre de temps et faire ses devoirs. ☐
7. On y trouve une personne qui connaît bien les livres. ☐
8. On s'y entraîne physiquement. ☐

y = dort(hin)

Plattform 1 (Lektion 1 – 3)

1 Aus den drei ersten Lektionen kennst du schon viele Verben. Suche und verbinde die Gegensätze.

1.	dormir
2.	partir
3.	montrer
4.	s'arrêter
5.	aimer
6.	se lever
7.	trouver
8.	rigoler
9.	descendre

a)	cacher
b)	perdre
c)	se réveiller
d)	monter
e)	arriver
f)	pleurer
g)	continuer
h)	détester
i)	se coucher

2 Was wird hier beschrieben?

C'est le premier repas de la journée:

Cet animal accompagne Nathan:

Un accessoire pratique quand il pleut:

L' animal qui fait «cocorico»:

Ici, on te donne des infos et brochures sur la région:

Il y en a beaucoup sur les autoroutes françaises.

Là, il faut payer: ☐☐☐☐☐

Cette personne travaille dans un musée et t'explique tout:

☐☐☐☐☐

C'est un appareil personnel pour téléphoner:

☐☐☐☐☐☐☐☐

C'est le jour où tu changes d'âge:

☐☐☐☐☐☐☐☐☐☐☐☐

3 Du kennst viele Adjektive, um eine Person zu beschreiben. Markiere in jeder Zeile das Adjektiv, das nicht dieselbe Idee ausdrückt.

a) **bête – nul – canon – idiot**

b) **baraqué – sympa – gentil – cordial**

c) **triste – malheureux – désolé – timide**

d) **mignonne – jeune – belle – jolie**

4 Du hast dir bestimmt Adjektive gemerkt, die das Gegenteil bedeuten:

triste ≠ ______________________ normal ≠ ______________________

difficile ≠ ______________________ court ≠ ______________________

malheureux ≠ ______________________ timide ≠ ______________________

5 Deine französischen Freunde wollen viel über deine Stadt erfahren. Bilde aus den Elementen ganze Fragen mit einem Superlativ. Vergiss nicht die Artikel einzusetzen und die Adjektive richtig anzupassen.

Quelle rue est (++ **beau**)?

____?

Quelles discos sont (++ **branché**)?

____?

Quels sont les monuments (++ **connu**)?

____?

Quel est le café (-- **cher**)?

____?

Quel est le musée (++ **intéressant**)?

____?

6 Du willst von deinem Freund alles über den französischen Schulalltag wissen. Stelle die Fragen mit Hilfe der darunter stehenden Antworten. Benutze dabei die du-Form und die umgangssprachliche Form der Fragestellung.

____?

Le lundi, je commence à 8h1/4.

____?

De 11h20 à 12h15 le mercredi.

____?

Moi, je mange à la cantine.

____?

Cette année, j'ai 4 heures d'anglais par semaine.

____?

Dans la salle 108.

____?

Je suis libre le mercredi et le samedi après-midi.

7 In Lektion 3 hast du die Inversionsfrage (Subjekt hinter dem Verb) kennen gelernt. Weil du sie oft in der Schriftsprache treffen wirst, solltest du diesen Satzbau noch üben. Bilde aus den Bausteinen Fragen der förmlichen Sprache. Denke auch an die Bindestriche!

âge / a / il / quel / t: ______________________________?

passe / t / que / se / il: ______________________________?

on / où / soir / va / t / ce: ______________________________?

que / t / elle / pense: ______________________________?

s' / elle / comment / appelle / t: ______________________________?

8 Welches Gefühl passt zu den folgenden Aussagen? Trage es ein.

amoureux – désolé – jaloux – en colère – triste / malheureux

«Je te demande pardon». Elle est ____________________.

«Je t'interdis de me parler comme ça!» Il/elle est ____________________.

«Je te trouve hyper cool et très mignonne». Il est ____________________.

«Laurent ne me regarde même pas. Il flashe sur Charlotte!» Elodie est

____________________.

«Nathan, tu ne rigoles jamais. Pourquoi?» Tu es ____________________?

9 In Lektion 2 hast du die Relativpronomen kennen gelernt, mit denen du Sätze sinnvoll und sparsam kombinieren kannst. In der folgenden Übung hast du die Möglichkeit, noch einmal mit diesen Pronomen gut umzugehen. Wähle die richtige Form:

qui | que | dont | où | avec qui | auxquels | dans lequel

C'est le journal ________________ les élèves ont noté leur séjour.

La carte postale ________________ Julia a envoyée, n'est pas arrivée.

Nicéphore Niepce est l'homme ________________ a fait la première photo en 1816.

Laurent, c'est le garçon ________________ Charlotte danse le plus.

C'est aussi le garçon ________________ Elodie est amoureuse.

Le café ________________ elle a rendez-vous s'appelle l'Atlantique.

Il y a beaucoup de numéros de cirque ________________ Nathan participe.

10 Nicht nur in Mathe, sondern auch im Alltag wirst du Fakten und Ergebnisse in Bruchzahlen ausdrücken wollen. Bei dieser Übung kannst du dir die wichtigsten in Erinnerung bringen. Übersetze sie.

J'ai attendu **(eine halbe Stunde)** ______________________________.

On a des vacances **(1/4)** ______________________________ de l'année.

(3/4) ______________________________ des élèves n'aiment pas l'école.

On a terminé **(1/5)** ______________________________ du programme.

(Die Hälfte) ______________________________ du temps, on écoute le prof.

(Jeder zweite Samstag) ______________________________, je n'ai pas cours.

11 Wenn man jemanden oder etwas braucht, dann wird im Französischen die Wendung *avoir besoin* verwendet. Danach steht entweder *de/d'* alleine oder mit *un/une*, aber niemals *des*. Ergänze die Sätze mit der passenden Form und wähle aus der Liste den Begriff, der dazu benötigt wird.

un cadeau — chocolat — crayons de couleur

musiciens — temps — un ticket — vacances

Pour prendre le bus, tu ______________________________.

Pour faire un dessin, j'______________________________.

Nathan est fatigué, il ______________________________.

Pour faire ce gâteau, nous ______________________________.

Pour former un groupe de jazz, ils ______________________________.

Pour vous habituer à la France, vous ______________________________.

Pour son anniversaire, on ______________________________.

12 Du weißt jetzt, dass nur ein Adverb neben einem Verb stehen kann. Ersetze das Adjektiv durch sein Adverb mit *-ment.*

L'entrée est *gratuite*. On peut entrer ______________________.

Il est *amoureux*. Il regarde Léa ______________________.

Nathan est très *calme*. Il parle ______________________.

C'est un élève *actif*. Il participe ______________________ au cours.

Ses réponses sont *correctes*. Elle répond ______________________.

13 Die Adverbien kannst du auch als Komparativ und Superlativ anwenden. Die Formen sind die gleichen wie bei Adjektiven, aber leichter, weil die Adverbien unveränderlich sind. Kannst du sie so gut benutzen wie im Deutschen? Übersetze.

Je vais **(weniger oft)** ______________________ au cinéma.

Elle parle **(ziemlich gut)** ______________________ anglais.

Il dort **(zu wenig)** ______________________.

J'habite ici depuis **(länger)** ______________________ que toi.

Mais tu connais la ville **(genauso gut)** ______________________ que moi.

14 Du musst aufpassen, wo im *Passé composé* die Adverbien stehen. Bilde aus den Bausteinen ganze Sätze.

arrivée / elle / trop / est / tard: ______________________

j' / dormi / hier / ai / longtemps: ______________________

trop / tu / mangé / beaucoup / as: ______________________

chez / est / il / directement / allé / lui: ______________________

n' / pas / trouvé / je / encore / ai: ______________________

15 Du kennst nun 3 Vergangenheitsformen: *Passé composé, Imparfait, Plus-que-parfait* – hier in PC, IMP, PQP gekürzt. Um sie so blitzartig wie ein richtiger Franzose parat zu haben, übe sie noch einmal:

Verben		PC	IMP	PQP
aller	je			
faire	elle			
penser	nous			
être	vous			
descendre	ils			
se lever	tu			

16 Du hast gemerkt, dass *Plus-que-parfait* wie *Passé composé* mit *avoir* bzw. *être* + *Participe passé* gebildet werden. Kreuze in jeder Reihe die richtigen *Plus-que-parfait*-Formen an.

connaître: ☐ il avait ☐ il était — ☐ conné ☐ connu ☐ connaît

venir: ☐ elle avait ☐ elle était — ☐ venie ☐ venu ☐ venue

prendre: ☐ j'avais ☐ j'étais — ☐ pris ☐ prendu ☐ prenis

avoir: ☐ ils avaient ☐ ils étaient — ☐ été ☐ su ☐ eu

sortir: ☐ nous avions ☐ nous étions — ☐ sorts ☐ sortis ☐ sortés

se moquer: ☐ elles s'avaient ☐ elles s'étaient — ☐ moque ☐ moqués ☐ moquées

17 Jetzt wo dir die Bildung der Vergangenheitsformen gut in Erinnerung ist, wirst du problemlos die folgende Geschichte mit *Passé composé, Imparfait* und *Plus-que-parfait* ergänzen können.

Tobias raconte: La semaine dernière, je **(vivre)** ai vécu une histoire pas possible! Je **(vouloir)** voulais rentrer à Munich après un séjour à Strasbourg. Comme je **(ne pas réserver)** n'avais pas réservé de place dans le train, je **(venir)** ai venu une heure plus tôt pour acheter mon billet. Pendant le voyage, je **(d'abord écouter)** ai d'abord écouté de la musique, puis je **(manger)** ai mangé mes sandwichs. Après je **(lire)** ai lu un peu et je **(s'endormir)** me suis endormi. Tout à coup, quelqu'un **(me réveiller)** m'a réveillé. C' **(être)** était le contrôleur qui **(vouloir)** voulait voir mon billet.

– «Pas de problème! Le voilà.»

– «Oui, mais ce billet n'est pas valable[1]: il n'est pas composté[2].»

– «Mon Dieu, ce n'est pas possible!»

Malheureusement, c' **(être)** était vrai, je **(oublier)** avais oublié de le composter. Pas de discussion: je **(devoir)** ai dû payer un gros PV. Quand je pense que je **(passer)** avais passé une heure dans la gare sans penser une minute qu'en France, il faut composter son billet! Une bonne (et chère!) leçon pour moi.

1 valable: gültig; 2 composter: (Fahrschein) entwerten

Diktat: Le rêve de Nathan. 10

18 Schreibe das Diktat. Du findest es auf der CD. Setze dabei selbst die Satzzeichen. Dann vergleiche deine Fassung mit der Lösung im Lösungsteil.
Markiere die Fehler und schreibe die falschen Stellen einmal richtig, damit du dir die richtige Schreibweise einprägst.

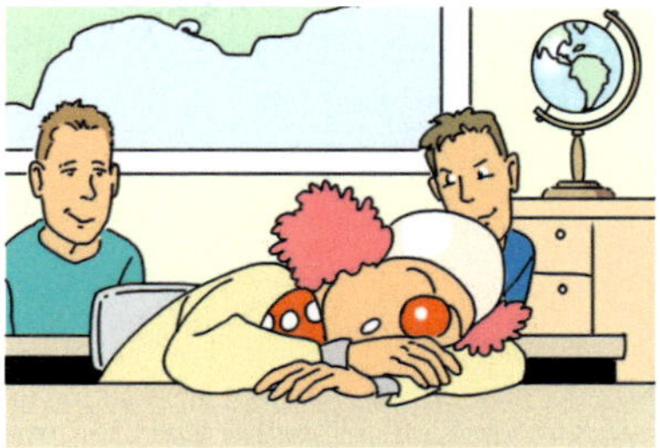

Übersetzung: Les problèmes d'une beur.

19 Übersetze den Text.

Nouria ist in Frankreich geboren, aber ihre Eltern kommen aus Algerien. Sie weiß nicht, ob sie sich wirklich ganz (als) Französin fühlt. Sie spricht schlecht Arabisch und ist niemals in Algerien gewesen. Sie ist wütend, weil die Franzosen sie oft als (eine) Ausländerin ansehen. Sie ist nicht sicher, dieselben Chancen zu haben wie ihre französischen Freundinnen.
Zu Hause streitet sie sich regelmäßig mit ihrer Familie, wenn sie zum Beispiel ausgehen will wie die anderen Mädchen.
Es ist nicht einfach, zwischen zwei Kulturen zu leben.

Fotoalbum: Les vacances à Fécamp

20 Stell dir vor, du kennst Elodie und Charlotte persönlich und hast von ihnen die folgenden Fotos erhalten. Du willst sie in der Klasse zeigen und dafür bereitest du zu jedem Bild kleine Kommentare vor. Verwende die Vergangenheitsformen. Im Lösungsteil kannst du anschließend Textvorschläge finden. Damit kannst du deine Texte vergleichen und eventuell verbessern.

1. ______________________

2. ______________________

3. ______________________________

4. ______________________________

5. ______________________________

LEKTION 4

Die Bildung des *Futur simple* – *La formation du futur simple*

Im Französischen kann man die Zukunft mit zwei Zeitformen ausdrücken:

Demain, il **va passer** chez moi. … wird er vorbei kommen
Demain, il **passera** chez moi.

Die 1. Form heißt ***Futur composé*** und wird mit dem Präsens von ***aller*** **+ Infinitiv** gebildet. Die 2. Form besteht nur aus **einer Verbform** und heißt deshalb **Futur simple**. Das *Futur simple* wird gebildet, indem man an das ***-r*** des Infinitivs die Endungen *-ai, -as, -a, -ons, -ez, -ont* anhängt.

1 Bilde das *Futur simple* folgender Verben.

chanter: je chanterai ✓ il chantera ✓	**sortir:** je sortirai ✓ on sortira ✓
passer: tu passeras ✓ nous passerons ✓	**prendre:** nous prendrons ✓ vous prendrez ✓
jouer: vous jouerez ✓ ils joueront ✓	**attendre:** j' attendrai ✓ tu attendras ✓
parler: elle parlera ✓ elles parleront ✓	**finir:** il finire ✓ ils finiront ✓

2 Ändere das *Futur composé* in *Futur simple.*

ils vont travailler → ils travailleront ✓

tu vas prendre le train → tu prendras le train ✓

nous allons partir → nous partirons ✓

je vais m'occuper de tout → je m'occuperai de tout ✓

elle va jouer du saxo → elle jouera du saxo ✓

vous allez aimer le CD → vous aimerez le CD ✓

ça va commencer → ça commencera ✓

ils vont bien dormir → ils bien dormiront bien ✓

Sonderformen des *Futur simple* – *Formes spéciales du futur simple*

Bei Verben auf ***-er*** mit **zwei** verschiedenen **Stämmen** im Präsens wird das *Futur simple* von der **1. Person Singular** abgeleitet.

j'ach**è**te → j'ach**è**te**rai**

Wie immer haben die **unregelmäßigen Verben** auch im *Futur simple* eine **Sonderform**. Die Endungen bleiben gleich, nur den **Stamm** muss man sich **gut merken**.

3 Hier findest du eine Liste der *Futur*-Stämme unregelmäßiger Verben. Unten steht eine Liste der unregelmäßigen Verben im *Infinitif*. Schreibe den *Futur*-Stamm neben den *Infinitif*.

au- dev- fe- i- enver- faud- pleuv- pour-

recev- sau- se- ver- viend- voud-

avoir: au ✓	être: se ✓	aller: ir ✓
faire: fe- ✓	devoir: dev ✓	recevoir: recev ✓
savoir: se ✓	voir: ver ✓	pouvoir: pour ✓
envoyer: enver ✓	pleuvoir: pleuv ✓	venir: viend ✓
falloir: faud ✓	vouloir: voud ✓	

✓

4 Präge dir die *-er*-Verben mit zwei Stämmen gut ein. Trage beide Zeitformen ein.

Verb	Présent	Futur simple
répéter	je répète	il r
préférer	je préfère	tu
appeler	je appelle	nous appellerons
espérer	je espère	elle
se lever	je me lève	je me leverai
payer	je paye	nous paierons
se promener	je me promène	on

Tipp Lerne die Sonderformen der unregelmäßigen Verben besonders gut und denke an die Schreibweise mit einfachem „r“, doppeltem „r“ und eingeschobenem „d“.

Der Gebrauch der zwei *Futur*-Formen – *L'emploi des deux futurs*

In der **gesprochenen** Sprache benutzt man für die Zukunft sowohl *Futur composé* wie *Futur simple*. Aber wenn man im **selben Satz** von **zwei zukünftigen Geschehen** erzählt, verwendet man für das **erste** Geschehen *Futur composé* und für das **zweite** *Futur simple*. In der **geschriebenen** Sprache bevorzugt man das *Futur simple*.

5 Ergänze die Sätze mit den zwei *Futur*-Formen.

D'abord je **(faire)** ______________________ mes devoirs, après je **(sortir)** ______________________.

D'abord vous **(passer)** ______________________ le bac, après vous **(aller)** ______________________ dans une école de musique.

D'abord, tu **(écrire)** ______________________ au directeur, et puis tu **(l'appeler)** ______________________.

D'abord, nous **(s'entraîner)** ____ encore un peu, et puis nous **(pouvoir)** ______________________ passer à la télé.

D'abord, elle **(arrêter)** ______________________ l'école, puis elle **(prendre)** ______________________ des cours de chant.

D'abord, ils **(préparer)** ______________________ une vidéo, ensuite ils **(l'envoyer)** ______________________ à Nice Music.

6 Was wird in 10 Jahren anders sein? Setze die Verben in das *Futur simple.*

Dans dix ans …

Samira (être) ira ___ une star.

Bruno (pouvoir) pourra ___ s'occuper du groupe.

Jérémie (avoir) aura ___ 26 ans.

Ils (donner) donnerant ___ des concerts.

Le groupe (faire) fera ___ des tournées.

Ils (aller) iront ___ partout dans le monde.

On (parler) parlera ___ d'eux dans les médias.

On (voir) verra ___ leurs affiches partout.

Ils (être) seront ___ riches et célèbres.

Et moi, je (savoir) saurai ___ tout sur eux.

savoira

7 Bilde Sätze nach dem folgenden Muster.

Aujourd'hui, je suis encore élève, mais un jour je **serai** chanteuse.

Aujourd'hui, Jérémie joue dans un groupe, mais un jour il ______________ dans le club de rugby.

Actuellement, Elodie chante avec les Nice & Forts, mais un jour elle ________________ à la Star-Académie.

Actuellement, ils vivent tous à Nice, mais un jour ils ________________ à Paris ou à New-York.

Pour le moment, on ne les connaît pas beaucoup, mais un jour on les ________________ partout.

Actuellement, ils n'ont pas assez d'argent, mais un jour ils ______________ des millions.

Die Hervorhebung mit *c'est ... qui* und *c'est ... que* – *La mise en relief avec «c'est ... qui» et «c'est ... que»*

Im Deutschen kann man jeden Satzteil bloß durch die Betonung hervorheben.
Will man das Subjekt betonen, sagt man z. B.:
Ich habe das gesagt (und niemand anders).
Im Französischen geht es nur mit: **C'est** moi **qui** ai dit ça.

Bruno a écrit ce texte.	C'est **lui** qui **a** écrit ce texte. Er (Subjekt) hat diesen Text geschrieben.
Cette chanson a du succès.	**C'est** la chanson **qui** plaît le plus. Dieser Song (Subjekt) gefällt am meisten.

Beim **Hervorheben** von **Personen**, verwendet man dafür die Pronomen ***moi, toi, lui, elle, nous, vous, eux, elles***.

Mit ***c'est ... que*** kann man das direkte und indirekte **Objekt hervorheben.**

Je préfère le texte sur Nice.	→	**C'est le texte que** je préfère. Den Text mag ich am liebsten.
J'ai parlé au directeur.	→	**C'est au directeur que** j'ai parlé. Mit dem Leiter habe ich gesprochen.

Auch **zeitliche** oder **örtliche** Angaben werden damit betont.

Je pars en mai.	→	**C'est en mai que** je pars.
Ça se passe à Nice.	→	**C'est à Nice que** ça se passe.

Tipp

Nach ***c'est moi/toi/nous/vous qui*** richtet sich das **Verb** nach dem **Subjektpronomen**: C'est **toi** qui **as** eu raison.

Vor Vokal wird *c'est ... que* durch *c'est ... qu'* ersetzt.

8 Betone die kursiv markierten Satzteile und ersetze dabei nur die Personen durch Pronomen.

Bruno travaille le plus. → C'est Bruno qui travaille le plus.

Mais *Elo et Samira* ont plus d'argent. → Mais c'est Elo et Samira qui ont plus d'argent.

Cette vidéo va changer leur vie. → C'est cette vidéo qui va changer leur vie.

L'émission Star-Académie connaît le plus grand succès. → C'est l'emission Star-Académie qui connaît ...

Samira, tu es la plus jeune? → C'est Samira ~~tu~~ qui es la plus jeune?

9 Schaue die Verbformen genau an. Verbinde sie mit dem richtigen Pronomen.

1.	C'est nous qui
2.	C'est lui qui
3.	C'est moi qui
4.	C'est toi qui
5.	C'est eux qui
6.	C'est vous qui

a)	suis arrivée la première.
b)	as envoyé le e-mail?
c)	avez écrit cette chanson?
d)	sont passés à la télé hier.
e)	avons envoyé la vidéo.
f)	a répondu.

10 Hebe die markierten Satzteile mit *c'est … que* hervor.

Elle a acheté ce CD **pour son frère**. → ~~Elle a acheté ce CD~~.

Ils se sont rencontrés **au collège**. → C'est au collège qu'ils se sont rencontrés.

Patrick m'a donné **le livre**. → C'est le livre que Patrick m'a donné.

On veut voir **ce concert**. → C'est ce concert qu'on veut voir.

11 Die Verben *suivre – mourir – s'asseoir*. Bilde sinnvolle Aussagen mit den Bausteinen.

1.	On meurt
2.	Suivez-moi
3.	J'ai suivi
4.	Bouge un peu! Tu es assis
5.	A notre 1e concert? A oui, j'étais morte
6.	Ils se sont assis

a)	des cours d'arabe.
b)	sur un banc.
c)	de peur.
d)	je sais où c'est.
e)	devant l'ordinateur depuis des heures!
f)	de froid, ici!

12 Im Schülerbuch, Lektion 4 erfährst du Vieles über Nice & Forts. Musik ist ihre Leidenschaft. Setze die Bausteine zusammen und suche die 10 Vokabeln, die zum Thema Musik passen.

XO
TION PÉ BAT
SUC CERT
SE GROU TEU
CON RE
DIO
TEUR CHAN GUI
NE
PHO CON
RÉ TI TRAT
TA
CÈS STU PE SA

13 Bilde ganze Sätze, um die Musiker der Band Nice & Forts vorzustellen.

Samira / Saxo: 15 ans, 3e, saxophone, après bac: école de jazz. Rêve: jouer jazz.

Elle ______________________________

____

Elodie: chanteuse, bac année prochaine, après: arrêter école et Star-Académie. Rêve: 1er rôle comédie musicale.

Elle ______________________________

____

Bruno: guitare, école de musique.
Rêve: plus argent / affaires du groupe.

Il ______________________________

____

Jérémie: batteur, Nice. Rêve: jouer rugby

Il ______________________________

____

14 Du weißt schon, dass junge Franzosen eine eigene Sprache haben. Ein paar ihrer Ausdrücke musst du (er)kennen. Wie lauten sie im „normalen“ Französisch?

Tu es **ouf**! ____________________

C'est **zarbi**. ____________________

J'en parle aux **potes**. ____________________

Il y a un **blème**. ____________________

Le **mec** de Nice Music. ____________________

J'aime bien tes **fringues**. ____________________

Ouais, ouais. C'est d'**acc**. ______________________________

Hören und verstehen 11

15 Höre genau hin. Die folgenden Aussagen sind entweder richtig oder falsch.

1. ☐ richtig ☐ falsch
2. ☐ richtig ☐ falsch
3. ☐ richtig ☐ falsch
4. ☐ richtig ☐ falsch
5. ☐ richtig ☐ falsch
6. ☐ richtig ☐ falsch
7. ☐ richtig ☐ falsch
8. ☐ richtig ☐ falsch

Hören und nachsprechen 12

16 Höre dir die folgenden Sätze an und sprich sie nach.

Hören und schreiben 13

17 Höre dir den vollständigen Text an und ergänze die Lücken.

Je ____________ ______ les Nice & Forts ont beaucoup de ____________. Imagine-toi leur situation: 4 ____________ de collège tous ____________ de musique. Ils ____ ___________________ un jour et décident de former un groupe. Ils s'amusent bien _________________ les répétitions et les concerts pour leurs copains. Et puis, ____ _________ ___________ du groupe a l'idée ____ ______________ au directeur de France 3. Très vite, il envoie une ____________ pour les filmer. Après ça, Samira ____________ la vidéo à Nice Music. Et ça marche! Le directeur les trouve vraiment _________ et dit qu'ils __________________ bientôt faire un CD. C'est fou, non? Quand je pense à tous les jeunes qui _____________ de connaître le _____________ et qui n'_____________ jamais une occasion comme ça!

Informationen heraussuchen

18 Du möchtest mehr über *Star-Académie* und *télé-réalité* erfahren, von denen man in dieser Lektion spricht. Im Internet war darüber der folgende Text zu finden.

Les étapes de la télé-réalité

An American family life

Tout a commencé aux Etats-Unis en 1973 avec l'émission *An American family life*. On y montrait sous forme de documentaire la vie quotidienne d'une famille de Californie. Les personnages n'étaient ni acteurs ni connus, pourtant le public a suivi avec grand intérêt leurs aventures.

The real world

Puis en 1992, on a décidé de transporter les gens dans un lieu nouveau où on les a enfermés pendant plusieurs semaines. Toutes leurs réactions étaient enregistrées et montrées dans la série *The real world*.

Expedition Robinson

Ensuite, on a placé les participants dans des situations dramatiques. Ils devaient alors relever des défis et le/la finaliste gagnait beaucoup d'argent. C'était le cas par exemple dans *Expedition Robinson* en 1997.

Big brother

En 1999, avec *Big brother* entrent en jeu deux nouveaux aspects importants: le direct et l'interactivité. Le direct vient du fait que des caméras suivent 24 heures sur 24 les activités, gestes et réactions d'un groupe de jeunes. Ils ont volontairement acceptés d'être enfermés et de vivre ensemble pendant trois mois environ. Les téléspectateurs sont maintenant actifs eux aussi: ils peuvent choisir d'éliminer tel ou tel personnage. L'émission connaît un énorme succès et elle est reprise sur de nombreuses chaînes européennes. En France, sous le nom de *Loft story* ou d'*Aventures sur le Net*.

Popstars

Cette émission sur la chaîne française M6 montre la sélection, la formation et le lancement d'un groupe de musique. Ici aussi, le public participe au choix des meilleurs talents.

Star-Academy

Ce programme est basé sur les mêmes principes que *Popstars*. De nombreux jeunes envoient leur candidature dans l'espoir de passer à la télé et de devenir célèbres. Ils rêvent tous de faire carrière dans le show-business. Mais les chiffres montrent que la chance de devenir célèbre grâce à ce genre d'émission est de 1 sur 30 millions, soit moins que la chance de gagner au loto.

Beantworte die folgenden Fragen.

a) Wann und wo ist die älteste Sendung ausgestrahlt worden?

b) Wer kann an diesen Sendungen teilnehmen?

c) Ab wann können sie dabei viel Geld gewinnen?

d) Wie lange leben die Teilnehmer von *Big brother* zusammen?

e) Wie kann das Publikum dabei aktiv sein?

f) Welche Kunstform wird in *Popstars* und *Star-Academy* gefordert?

g) Wovon träumen die Teilnehmer von *Star-Academy*?

LEKTION 5

Die Zeitenfolge in der indirekten Rede – *La concordance des temps dans le discours indirect*

Die indirekte Rede bedeutet, dass man berichtet, was jemand gesagt oder gefragt hat. Dabei verwendet man nicht die wortwörtliche Aussage, sondern man gibt sie in der 2. und 3. Person Singular oder Plural wieder.

Antonin dit: «**Je suis** content.» Il dit (Präsens) **qu'il est** (Präsens) content.	Ich bin froh. Er sagt, dass er froh ist.
Sa mère demande: «**Tu viens** avec **nous**?» Elle demande **s'il vient** avec **eux.**	Kommst du mit uns? Sie fragt, ob er mit ihnen kommt.

Wenn das Verb in der ersten Satzhälfte in einer Zeit der **Vergangenheit** steht (z. B. *Il a dit que …, Elle avait demandé si …*), ergeben sich im Nebensatz folgende **Tempusverschiebungen**:

direkte Rede/Frage		indirekte Rede/Frage
Présent	→	***Imparfait***
Passé composé	→	***Plus-que-parfait***
Futur composé	→	***Imparfait* von *aller* + Infinitiv**
«Je **suis** Français.»	→	Il a dit qu'il **était** Français. Er hat gesagt, er ist / sei Franzose. (wörtlich: er war)
«J'**ai compris**.»	→	Il a dit qu'il **avait compris**. Er hat gesagt, er habe verstanden. (wörtlich: er hatte verstanden)
«Je **vais partir**.»	→	Il a dit qu'il **allait partir.** Er hat gesagt, er werde wegfahren.

Tipp

Im Gegensatz zum Deutschen muss in Nebensätzen immer ***que*** stehen. Weil das *Futur composé* mit dem Präsens von *aller* + Infinitiv gebildet wird, findet man das Verb *aller* in der indirekten Rede im *Imparfait*.

1 Setze die Redeverben ins *Passé composé* und denke an die Tempusverschiebung.

Il dit que c'est possible. → ______________________________

Elle dit qu'elle a eu un accident. → ______________________________

Ils annoncent qu'ils vont venir. → ______________________________

Elle demande si tu as fini. → ______________________________

Il dit qu'il va changer d'école. → ______________________________

2 Erzähle den Inhalt dieser Nachricht, mal mit dem *Présent*, mal mit dem *Passé composé*. Achte auf die Zeitverschiebungen.

(Anrufbeantworter): Allô Marc? C'est Julie. Mince alors, **tu n'es jamais** là! Bon, écoute, **j'ai** un problème. Hier, **j'ai oublié** mon sac de sport chez toi. Et **j'en ai besoin** pour demain. Est-ce que **je peux venir** le prendre ce soir? **Je vais passer** vers 6h. A plus!

Elle dit / Elle demande ______________________________

____

____

____

____

Elle a dit / Elle a demandé ______________________________

____

____

____

____

3 Ergänze die Sätze und vergiss nicht die Pronomen, Verbformen und Begleiter anzugleichen.

On n'a pas cours samedi. Tu le sais?

Oui, on m'a dit ______________________________.

Laure veut arrêter de fumer. Tu le sais?

Oui, elle m'a annoncé ______________________________.

Tu as lu cette BD?

Il m'a demandé ______________________________.

On va jouer au foot ce soir.

Il m'a dit ______________________________.

Je vais en Bretagne avec mes parents. Tu le sais?

Oui, tu m'as déjà dit ______________________________.

J'ai un cadeau pour toi. Ça va sûrement te plaire.

Elle m'a annoncé ______________________________.

Die Verben auf *-indre* – *Les verbes en «-indre»*

Die Verben auf *-indre* bilden eine spezielle kleine Gruppe. Im Präsens fällt das ***-d*** ganz weg und die Pluralendungen erweitern sich um ***-gn***.

peindre	malen, anstreichen	*Passé composé:* J' ai pe**int**
je pei**ns**	nous pei**gnons**	*Imparfait:* je pei**gn**ais
tu pei**ns**	vous pei**gnez**	*Futur simple:* je pe**ind**rai
il/elle/on pei**nt**	ils/elles pei**gnent**	

Andere *-indre*-Verben:

craindre – befürchten
éteindre – ausschalten, löschen
se plaindre – sich beschweren / sich beklagen
rejoindre – treffen

4 Konjugiere im *Présent* (pr) oder *Passé composé* (pc).

Tous les élèves **(se plaindre, pr)** ______________________________.

Je te **(rejoindre, pr)** ______________________________ là-bas.

Vous **(éteindre, pr)** ______________________________ l'ordinateur?

Nous le **(craindre, pr)** ______________________________.

Elle **(peindre, pc)** ______________________________ sa chambre.

Tu **(ne pas éteindre, pc)** ______________________________ la lumière.

Vous nous **(rejoindre, pr)** ______________________________ plus tard?

Die Bildung der Adverbien (2) – *La formation des adverbes* (2)

Adjektive die auf ***-ant*** oder ***-ent*** enden, bilden ihr Adverb auf ***-ammant*** [-amɑ̃], bzw. ***-emment*** [-amɑ̃]

méchant → méchamment
différent → différemment

5 Bilde die adverbiale Form der folgenden Adjektive und trage sie ein.

fréquent **patient** **récent** **évident**

courant **constant** **élégant**

Je l'ai rencontré **(neulich)** ______________________________.

Elle s'habille **(elegant)** ______________________________.

Il parle anglais **(fließend)** ______________________________.

Ils vont **(häufig)** ______________________________ en Bretagne.

Il y a **(ständig)** ______________________________ des contrôles.

Tu as répondu **(geduldig)** ______________________________.

Elle est jalouse **(offensichtlich)** ______________________________.

Das Adjektiv als Adverb – *L'adjectif employé comme adverbe*

In wenigen **festen Wendungen** steht **neben dem Verb** ein **Adjektiv** (und nicht wie sonst ein Adverb). Am besten lernt man diese Fälle auswendig.

Ça sent **bon** chez toi. (und nicht: ça sent bien) — Es riecht gut …
Il travaille **dur**. (und nicht: durement) — Er arbeitet hart.

6 Hier finden sich alle Wendungen, die zu der vorigen Regel passen. Übersetze die Adjektive.

chanter ________________ ou ________________ (richtig / falsch)

sentir ________________ ou ________________ (gut / schlecht)

parler ________________ ou ________________ (leise / laut)

payer ou coûter ________________ (teuer)

7 Übersetze ins Französische.

Sprich bitte leiser. ________________________________

Es ist teuer gewesen. ________________________________

Du riechst gut! ________________________________

Ich singe nicht richtig. ________________________________

Er spricht immer laut. ________________________________

Sie hat hart gearbeitet. ________________________________

8 Neben *dire* gibt es viele andere Verben der Kommunikation. Du weißt bestimmt ihre Bedeutung in beiden Sprachen.

Französisch	Deutsch
poser une question	
	erzählen
	erklären
annoncer	
avouer	
	hinzufügen
répondre	
	fragen
vouloir savoir	

9 Die Vorsilbe *re-/r-* bei Verben drückt oft die Wiederholung aus. Kreuze bei folgenden Verben an, ob das *re-/r-* eine Wiederholung (Wdh) bedeutet oder zum Stamm gehört.

Verb	Stamm	Wdh	Verb	Stamm	Wdh
regarder	☐	☐	retrouver	☐	☐
relire	☐	☐	rester	☐	☐
raconter	☐	☐	rencontrer	☐	☐
revenir	☐	☐	rouler	☐	☐
répondre	☐	☐	ramasser	☐	☐
repartir	☐	☐	revoir	☐	☐

10 Man kann das Gegenteil mancher Adjektive ausdrücken, indem man die Vorsilbe *in-* oder *im-* (vor *b, m, p*) hinzufügt. Damit kannst du deinen Wortschatz leicht erweitern. Probiere es bei diesen Aussagen:

Si ce n'est pas …

possible, c'est ____________________.

juste, c'est ____________________.

égal, c'est ____________________.

moral, c'est ____________________.

correct, c'est ____________________.

connu, c'est ____________________.

exact, c'est ____________________.

Tipp Wenn nach *in-* bzw. *im-* ein Vokal steht, wird die Vorsilbe **nicht** nasal ausgesprochen, z. B. *utile* (nützlich, nötig) → *inutile* [inytil].

11 Die weiblichen Nomen, die auf *-tion* oder die männlichen, die auf *-ment* enden, kommen dir bekannt vor. Du kennst sie schon im Deutschen oder du kannst schnell erkennen, von welchem Verb sie stammen. Versuche es mit den folgenden Nomen.

nom français	verbe français	nom allemand
le fonctionnement		
la fabrication		
le changement		
un argument		
une interdiction		
la préparation		
le déménagement		
une installation		
une discussion		

12 Die beste Geschichte wirkt nur dann, wenn du sie gut einleitest. Dies erfolgt, wenn du sie mit „kleinen Wörtern“ strukturierst. Verschaffe dir einen Überblick der Ausdrücke, die die Spannung steigern.

Französisch	Deutsch
	eines Tages
Il y a longtemps	
	am Anfang
pourtant	
ensuite	
	vorher, früher
	am Ende
comme	
et puis	
car	
	weil
	zum Schluss, schließlich

13 Vervollständige die Sätze mit Hilfe der Ausdrücke aus der vorigen Übung. Oft sind zwei Antworten möglich.

________________, je n'aimais pas lire. ________________, j'ai découvert les romans policiers. Moi, je préfère regarder des DVD ________________ ça va vite. __________ il n'y a rien à la télé, je vais lire. Les jeunes n'aiment pas lire ________________ ils lisent beaucoup sur Internet. J'ai lu ce livre ____________________________ quand j'avais 8 ou 9 ans. Je n'aime pas cette histoire car ______________________ on ne sait pas qui a tué la fée.

Hören und verstehen 14

14 Höre genau hin. Die folgenden Aussagen sind entweder richtig oder falsch.

1. ☐ richtig ☐ falsch
2. ☐ richtig ☐ falsch
3. ☐ richtig ☐ falsch
4. ☐ richtig ☐ falsch
5. ☐ richtig ☐ falsch
6. ☐ richtig ☐ falsch
7. ☐ richtig ☐ falsch
8. ☐ richtig ☐ falsch

Hören und nachsprechen 15

15 Höre dir die folgenden Sätze an und sprich sie nach.

Hören und schreiben 16

16 Höre dir den vollständigen Text an und ergänze die Lücken.

Pierre est un garçon ________________. Il n'_______ _______ _______ amis et il a souvent l'______________ malheureux. ____________________, il est arrivé avec des _________________ partout.

Les autres _________ _________ ______________ de lui. Mais moi, j'ai compris qu'il ___________ de gros problèmes à la maison. C'est un enfant ___________, son faux père le ______________ souvent. Alors, je lui ai parlé _______________ la récré. Je ________ ai dit que je _______________ être son ami pour l'aider un peu. Il m'a ____________ ______________________ et il m'a dit que personne ne _________________ l'aider.

Das Wesentliche verstehen

17 In dieser Lektion erfährt man direkt (mit Antonin und Léa) oder indirekt (mit Pierre), dass die Beziehungen zu den Eltern mit verschiedenen Gefühlen verbunden sind. Der Konflikt Eltern–Kinder ist nichts Neues. Heutzutage findet man im Internet unzählige Berichte von besorgten Jugendlichen und Eltern. Hier erfährst du, was man in Frankreich über diese Situation denkt.

Parents–enfants: l'éternel conflit

Le conflit parents–enfants est loin d'être nouveau. On le trouve déjà dans la Bible et chez les auteurs de l'Antiquité. Mais aujourd'hui, tout va plus vite si bien que parents comme adolescents, tout le monde a du mal à s'orienter. Du côté ado, on constate que les jeunes d'aujourd'hui veulent beaucoup plus tôt une forme d'indépendance vis-à-vis de l'autorité parentale. Et effectivement, avec leurs portables et livret A de compte en banque, les jeunes ont maintenant les moyens de gérer eux-mêmes leur vie. Du coup, la notion d'autorité parentale est remise en question. Côté parents, l'heure est maintenant au dialogue, à l'explication, au conseil et à la négociation: aucune décision n'est prise sans l'avis de l'enfant. De la même façon, tous les sujets importants pour la vie de l'enfant sont aujourd'hui discutés avec lui. Par exemple, les résultats scolaires (96%), le temps consacré aux devoirs (90%) ou à regarder la télé (82%). C'est aussi le cas de l'organisation des vacances et des loisirs (82%), des sorties avec les amis (77%), des menus des repas (77%), de la participation aux tâches ménagères (77%), de l'heure à laquelle il doit se coucher (74%), des vêtements qu'il porte (71%), du choix de ses amis (66%) et de son argent de poche (66%). Logiquement, les sources de conflit ont tendance à augmenter avec l'âge de l'enfant. Le problème de la discipline devient alors un dilemme entre être sévère ou indulgent, dur ou doux, autoritaire ou permissif. Les parents et les enfants sont pratiquement en guerre: chacun pense que quelqu'un doit perdre. Pourtant même s'ils se plaignent des règles et restrictions, les ados se sentent sécurisés de savoir ce que leurs parents acceptent et ce qu'ils n'acceptent pas. Et paradoxalement, ils restent beaucoup plus longtemps chez leurs parents que leurs aînés.

Kreuze an, ob die folgenden Aussagen den Textinhalt richtig oder falsch wiedergeben.

	richtig	falsch
1. Der Generationskonflikt ist ein uraltes Problem.	☐	☐
2. Die Kinder wollen heute schneller unabhängig sein.	☐	☐
3. Deshalb verlassen sie sehr früh das Elternhaus.	☐	☐
4. Die Eltern unterhalten sich sehr viel mit ihren Kindern.	☐	☐
5. Die meist diskutierte Sache betrifft die Hausaufgaben.	☐	☐
6. Je älter das Kind desto größer die Konfliktquellen.	☐	☐
7. Es herrscht eine Art Krieg zwischen Eltern und Kindern.	☐	☐
8. Die Kinder akzeptieren die Regeln der Eltern ohne Klage.	☐	☐
9. Grenzen zu spüren bringt Teenies ein Sicherheitsgefühl.	☐	☐

Plattform 2 (Lektion 4 – 5)

1 Du planst die Sommerferien und schreibst eine E-mail an eine(n) französische(n) Freund(in). Benutze das *Futur simple* wie es in der Schriftsprache üblich ist.

Salut!

L'année dernière, c'est moi qui suis venu/e chez toi, alors j'espère que cet été, c'est toi qui **(venir)** ________________ ici. Je pense que début août est idéal parce que normalement, il fait beau. Alors, on **(pouvoir)** ________________ faire des belles excursions. On **(prendre)** ________________ les vélos et on **(aller)** __________ se baigner dans les lacs. On **(faire)** ________________ des pique-niques et on **(jouer)** ________________ au volley. Et puis, je te **(montrer)** ____________________ ma ville et la région. Tu as de la chance, cet été, il y **(avoir)** ________________ de super concerts. Est-ce que tu **(vouloir)** ________________ les voir?

Si oui, j'**(acheter)** ____________________ vite les billets. Tu sais que Bruno et Elo **(être)** ________________ là aussi? Je suis sûr/e que nous **(passer)** ____________________ de bons moments ensemble.

A plus!

2 In der gesprochenen Sprache benutzt man für die Zukunft sowohl *Futur composé* als auch *Futur simple.* Bilde Sätze nach dem folgenden Muster und benutze die zwei *Futur*-Formen.

je / jouer sur l'ordinateur / faire mes devoirs.

→ D'abord, je vais jouer sur l'ordinateur après, je ferai mes devoirs.

Je / chercher son adresse / lui écrire.

____

Tu / ranger ta chambre / jouer.

____

Elle / passer le bac / arrêter l'école.

____

Ils / faire du volley / se baigner.

____

Nous / répéter / enregistrer la nouvelle chanson.

____

3 Ergänze die Sätze mit dem *Présent* (pr) oder dem *Passé composé* (pc) von *mourir, s'asseoir, suivre.*

Je (pr) ________________ de faim! Ce chanteur (pc) ________________

l'année dernière. Je te (pr) ______________: je ne connais pas le chemin.

Entrez et *(impératif!)* __________________________. Les jeunes

(pr) ________________ la mode. Il (pc) ________________ des cours

de guitare. Avant un concert, le groupe (pr) ___________ de peur.

Il (pc) ______________________ à côté d'elle.

4 Du hast ein Interview mit Jérémie gemacht. Welche Fragen hast du ihm gestellt?

____?
Moi, c'est Jérémie.

____?
J'ai 16 ans.

____?
J'habite à Nice.

____?
Je suis le batteur du groupe.

____?
J'ai commencé avec eux en 2004.

____?
Je voudrais jouer dans l'équipe de rugby.

5 Wörter bleiben besser im Gedächtnis, wenn man sie paarweise lernt, sei es als Synonyme, als Alternativen oder als Gegensätze. Du wirst es bei dieser Übung gleich merken, nachdem du passende Wortpaare gebildet hast.

a) Wortpaare von Adjektiven, verbinde die passenden Worte:

génial	gentil	jeune	riche	mince	calme
pauvre	nerveux	gros	méchant	vieux	bête

b) Wortpaare von Nomen, ergänze die passenden Worte:

la femme ↔ l'____________ ou le ____________

la fille ↔ le ____________ ou le ____________

l'________________ ↔ le départ   la sœur ↔ le ________________

le ________________ ↔ la fin   la vie ↔ la ________________

6 Hast du dir die Erzählungen in den Lektionen 4 und 5 aus deinem Schulbuch gut gemerkt? Wer hat was gemacht? Teste dein Gedächtnis und schreibe die passenden Namen dazu.

a) C'est lui qui a le plus de travail. ____________________

b) C'est eux qui sont arrivés plus tard dans le groupe. ____________________

c) C'est lui qui voudrait jouer au rugby. ____________________

d) C'est elle qui joue du saxophone. ____________________

e) C'est lui qui a écrit une nouvelle chanson. ____________________

f) C'est eux qui ferment le magasin à midi. ____________________

g) C'est elle qui parle à Antonin sur l'île. ____________________

h) C'est eux qui demandent l'aide d'Antonin. ____________________

i) C'est lui qui a pris la place du coq. ____________________

7 Betone die markierten Teile mit *c'est … qui* oder *c'est … que* und ersetze die Personen durch Pronomen.

Sa copine est dans ma classe. ______________________________

Tu as eu raison. ______________________________

Elle est venue **avec son frère**. ______________________________

Ils jouent **à Nice** samedi. ______________________________

Je veux parler **au directeur**. ______________________________

Je vous ai écrit. ______________________________

8 Die indirekte Rede mit Tempusverschiebung wird von Franzosen ganz automatisch verwendet. Damit sie dir auch leicht gelingt, übe sie noch einmal mit diesem Dialog zwischen Morgane und Antonin in der Lektion 5.

- *Où suis-je? Je ne vois plus rien!*
- Bonjour. Je suis la fée Morgane. *Je t'attendais depuis longtemps. Nous avons besoin de toi parce que le Grand Thon a déclaré la guerre à notre île.*
- Quoi? *De quelle guerre est-ce que tu parles? Je ne comprends rien!*
- Bon, *je vais tout t'expliquer.*

Setze die kursiv markierten Teile in die indirekte Rede und mache alle nötigen Änderungen.

Quand il s'est réveillé, Antonin a demandé où il ______________________

____

____

____

9 Mit den Nice & Forts hast du viel über die Medienwelt erfahren. Kombiniere die Bausteine, um dir die Ausdrücke aus diesem Bereich einzuprägen.

1.	Un journaliste a écrit
2.	Une équipe de France 3 a filmé
3.	Les N & F enregistrent
4.	Le mercredi, l'émission
5.	Le journal Nice-Matin a fait
6.	Les N & F rêvent de
7.	Le 14 juillet, ils donneront
8.	Le 25 juillet, ils joueront
9.	Bientôt ils signeront

a)	va passer à la télé.
b)	vivre de leur musique.
c)	un reportage sur le groupe.
d)	un contrat avec Nice Music.
e)	leur premier CD.
f)	un concert sur la plage.
g)	pour des enfants malades.
h)	une interview avec Samira.
i)	une de leurs répétitions.

10 Du kennst schon viele Wörter, bei denen Verb und Nomen auf demselben Stamm beruhen. Finde das jeweils zugehörige Verb bzw. Nomen. Schreibe bei den Nomen das passende *un* oder *une* dazu.

annoncer	
	un amour
boire	
découvrir	
	un départ
répondre	
se marier	

arrêter	
	un conducteur
deviner	
	une lecture
contrôler	
	une suite
jouer	

11 Anders als im Deutschen gibt es im Französischen wenig zusammengesetzte Wörter. Eine Ausnahme bilden die Wörter, die mit *un porte-* + Nomen beginnen. Wähle die Ergänzung, die zu der Übersetzung passt.

avions **bagages** **bonheur** **clés**
documents **monnaie** **parole**

un porte-____________________ : Glücksbringer

un porte-____________________ : Aktentasche

un porte-____________________ : Schlüsselring

un porte-____________________ : Flugzeugträger

un porte-____________________ : Geldbeutel

un porte-____________________ : Gepäckträger

un porte-____________________ : (offizieller) Sprecher

12 Du weißt jetzt, dass neben dem „offiziellen“ Französisch eine moderne Jugendsprache existiert. Da muss man schnell und zutreffend reagieren! Kreuze an, was junge Franzosen in folgenden Fällen antworten würden.

«Le type de Nice Musik nous propose un contrat.»

☐ J'hallucine! ☐ C'est pas sympa! ☐ J'sais pas, moi.

«On a vendu 1000 CD.»

☐ C'est branché! ☐ J'en ai marre! ☐ C'est dingue!

«Tu sors toujours avec Julien?»

☐ Faut y aller. ☐ Ça te regarde pas! ☐ C'est zarbi!

«Jérémie veut arrêter de jouer avec nous.»

☐ Pas mal, le mec! ☐ C'est cool! ☐ Là, on a un blème!

«Le groupe Mixtur a plus de succès que nous.»

☐ Je m'en fous! ☐ C'est trop bien. ☐ Quel baratineur!

13 Damien wollte ein Star werden und hat hart dafür gearbeitet. Er erzählt von seiner Aufnahme in der Star-Académie. Aber seine Geschichte ist durcheinander geraten. Bringe sie in Ordnung, indem du die Zahl der Reihenfolge einträgst.

1 Un jour, j'ai participé à la sélection des candidats de Star-Académie.

☐ Et maintenant, même ma prof de chant trouvait que j'avais un bon niveau.

☐ Tout à coup, on m'a appelé: c'était mon tour.

☐ Et puis, j'ai pris mon courage à deux mains et j'ai chanté comme un dieu!

☐ Pour ça, j'avais répété pendant des mois.

☐ Pourtant, j'avais un trac énorme pendant que les autres passaient.

☐ Alors maintenant, je ne veux plus entendre parler du show-business!

☐ Au début, je ne pouvais même pas sortir une note. L'horreur!

☐ Mais finalement, c'est un autre mec moins bon que moi que le jury a choisi.

Diktat: La page Internet des Nice & Forts. 17

14 Schreibe das Diktat. Du findest es auf der CD. Setze dabei selbst die Satzzeichen. Dann vergleiche deine Fassung mit der Lösung im Lösungsteil. Markiere die Fehler und schreibe die falschen Stellen einmal richtig, damit du dir die richtige Schreibweise einprägst.

Übersetzung

15 Übersetze folgenden Text.

Antonins Eltern wollen nicht, dass er das Wochenende allein zu Hause verbringt. Sie befürchten, dass er stundenlang vor dem PC sitzen bleibt. Deshalb organisieren sie oft für ihn kleine Reisen an unbekannte Orte.
Sie nennen es „die Welt entdecken". Vorher lesen sie viele Reiseführer und wählen interessante Punkte aus. Aber Antonin verabscheut diese Pläne. Er hasst die Natur, vor allem bei Wind und Regen. Und er findet Kultur blöd und unnötig. Er beklagt sich jedes Mal.

Fotoalbum: Un drôle de rêve!

16 Nachdem Antonin von der Insel Groix zurückgekehrt ist, erzählt er seinem Freund Nicolas, was er dort alles (im Traum!) erlebt hat. Nicolas findet die Geschichte so toll, dass er sie anderen Freunden weitererzählt. Leider ist sie ihm durcheinander geraten, und er erzählt sie in der Reihenfolge der Bilder unten.
Bringe sie in Ordnung und erzähle in der richtigen Reihenfolge, was Antonin passiert ist.

Beginne so:

«Vous ne devinerez jamais ce qui est arrivé à Antonin!
Samedi dernier, il ...»

Bild

____

____

____

____

____

____

____

____

____

____

Bild

Bild

Bild

Bild

Bild

Modul 1

Das Konditional – *Le conditionnel présent*

Das ***Conditionnel présent*** wird ähnlich gebildet wie das ***Futur simple***. Die Stämme sind die gleichen, nur bei den Endungen unterscheiden sie sich.

Futur	Conditionnel	
je parler**ai**	je parler**ais**	ich würde sprechen
tu parler**as**	tu parler**ais**	du würdest sprechen
il/elle/on parler**a**	il/elle/on parler**ait**	er/sie/man würde sprechen
nous parler**ons**	nous parler**ions**	wir würden sprechen
vous parler**ez**	vous parler**iez**	ihr/Sie würden sprechen
ils/elles parler**ont**	ils/elles parler**aient**	sie würden sprechen

Auch bei den **unregelmäßigen Verben** ändern sich gegenüber dem *Futur simple* nur die Endungen.

1 Bringe dir die gemeinsamen Stämme von *Futur simple* und *Conditionnel* in Erinnerung, indem du den richtigen Stamm der folgenden Verben markierst.

avoir	se-	i-	au-
être	ét-	se-	ê-
faire	fai-	fe-	fa-
devoir	dev-	doiv-	duv-
pouvoir	peuv-	poiv-	pour-
vouloir	voud-	veu-	veud-
aller	all-	viend-	i-
voir	voir-	ver-	voy-
venir	vend-	venir-	viend-
recevoir	recev-	reçoiv-	receve-
falloir	fe-	faud-	fai-
envoyer	enver-	envr-	envoi-
savoir	saud-	savr-	sau-

Der Gebrauch des Konditionals 1 – *L'emploi du conditionnel présent*

Das *Conditionnel présent* wird sehr viel benutzt, denn damit kann man einen **Wunsch**, eine **Vermutung**, einen **Ratschlag**, eine **Möglichkeit**, einen **Vorschlag** oder eine **höfliche Bitte** ausdrücken.

Je voudrais vivre en France.	→	Wunsch
Dans cette école, tu travaillerais mieux.	→	Vermutung
A ta place, je prendrais le train.	→	Ratschlag
On pourrait demander au prof.	→	Möglichkeit
Tu pourrais ouvrir la fenêtre?	→	höfliche Bitte

2 Entscheide, welche Funktion das *Conditionnel* in den folgenden Sätzen erfüllt:

Wunsch – Vermutung – Ratschlag – Möglichkeit – höfliche Bitte

Tu devrais lui téléphoner.	Ver f Ratsc
J'aimerais être musicien.	höf f Wun
Moi, à ta place, je lui parlerais.	Ratschlag ✓
De là-haut, on verrait bien la scène.	Möglichkeit f Verm
Je pourrais utiliser ton portable?	Wunsch f höf B
On pourrait faire du camping.	Ratschlag f Mög

3 Mit dem *Conditionnel présent* kannst du auch deiner Fantasie freien Lauf lassen und dir eine neue Welt schaffen! Es ist nämlich die Zeitform (oder Modus) für virtuelle Vorstellungen. Benutze sie in diesem „Traum“.

Dans mon monde idéal, …

… je **(être)** serais une personne importante.

… j'**(avoir)** aurais une belle voiture.

… je **(ne plus aller)** ne irais plus au collège

car je **(savoir)** saurais déjà tout!

… je **(faire)** ferais seulement les choses qui me plaisent.

Par exemple, je **(jouer)** jouerais dans des films. Ou alors

je **(chanter)** chanterais dans un groupe.

Tout le monde **(m'aimer)** m' aimerais et **(me trouver)**

me trouverais super!

Ce **(être)** serait génial!

Der Bedingungssatz – *La phrase conditionnelle*

Der Bedingungssatz setzt sich aus zwei Teilen zusammen: der ***si***-Satz (oder Nebensatz) drückt die **Bedingung** (wenn, falls) aus, der **Hauptsatz** die **Folge** (dann).

Hält man die **Bedingung für möglich/wahrscheinlich**, benutzt man in dem ***si*-Satz** das ***Présent*.** Danach steht im **Hauptsatz** (Folge der Bedingung) das Verb im ***Présent***, im ***Impératif*** oder im ***Futur simple***.

Si tu **as** le temps demain, on **peut** se voir.
viens chez moi.
on **fera** nos devoirs ensemble.

Wenn die Erfüllung der **Bedingung unwahrscheinlich** oder **unmöglich** erscheint, steht im ***si*-Satz** das ***Imparfait***, im **Hauptsatz** das ***Conditionnel présent***.

Si j'**étais** plus vieux, j'**aurais** déjà une voiture. — Wenn ich älter wäre, hätte ich schon ein Auto.

Tipp Vor *il/ils* wird ***si*** zu ***s'***.

4 Bilde Sätze der Bedingung und Folge.

1.	S'il fait beau demain
2.	Si Jérémie quitte les Nice & Forts
3.	Si on dit ça à Bruno
4.	Si tu viens à Lyon
5.	Si tu m'offres un livre
6.	Si vous achetez ce portable
7.	Si elle trouve du travail

a)	tu pourras dormir chez moi.
b)	vous payerez 50 € de moins.
c)	je serai très contente.
d)	ils n'auront plus de batteur.
e)	elle arrêtera l'école.
f)	il ne nous parlera plus.
g)	nous irons à la plage.

5 Realistische Bedingungen. Ergänze die Folge (den Hauptsatz) mit dem *Futur simple*.

Si elle a assez d'argent, elle **(venir)** ________________ avec nous.

Si tu arrêtes l'école maintenant, tu le **(regretter)** ______________________.

S'il prend ce train, il **(arriver)** ________________ vers 15h.

Si j'ai des problèmes, mes parents **(m'aider)** ______________________.

Si c'est grave, il **(falloir)** ________________ appeler les pompiers.

Si vous faites encore les idiots, vous **(ne pas sortir)** ______________________

________________ ce soir.

S'il veut réussir, il **(devoir)** ________________ travailler plus!

6 Unwahrscheinliche Bedingungen. Ergänze die folgenden *si*-Sätze mit *Imparfait* und *Conditionnel présent*.

S'il y **(avoir)** ________________ le feu chez moi,

je **(sauver)** ____________________ d'abord mon chat.

S'il **(faire)** ________________ moins chaud,

les élèves **(écouter)** __________________________ mieux le prof.

Si le pompier **(être)** ________________ un homme,

Jonathan **(être)** ________________ moins intéressé!

Si vous **(parler)** ________________ plus fort,

on vous **(comprendre)** __________________________ mieux.

S'il **(t'aimer)** ________________ vraiment,

il **(ne pas regarder)** ________________________ les autres filles!

Mit *si*-Satz einen Vorschlag machen –
Proposer quelque chose avec «si» + imparfait

Um einen **Vorschlag** zu machen, kann man im Französischen einen ***si*-Satz alleine** (ohne folgenden Hauptsatz) verwenden. Das Verb steht dann im ***Imparfait***.

Et si on prenait un taxi?	Und wie wäre es, wenn wir ein Taxi nehmen würden?
Si on faisait une pause?	Wie wäre es mit einer Pause (wenn wir eine Pause machen würden)?

7 Stell dir vor, du bist in Frankreich und du hast jeden Tag andere Wünsche. Mache einen Vorschlag zu jeder Situation.

Tu voudrais manger une pizza avec tes amis.

___

Tu as envie d'aller au cinéma.

___

Tu aimerais rester à la maison ce soir.

___

Tu voudrais regarder un DVD.

___

Tu as envie de sortir en disco.

___

Si oder *quand*?

Die Frage stellt sich, weil im Deutschen beide Wörter mit *wenn* übersetzt werden. Im Französischen sind sie nicht austauschbar. Als Hilfe kann man sie so übersetzen:

***si* = falls**

***quand* = immer wenn, sobald**

Si j'ai faim, je mangerai un sandwich.	Wenn/falls ich Hunger habe …
Quand il est en colère, il parle très fort.	Immer wenn er wütend ist …
Quand tu auras 18 ans, on t'achètera une voiture.	Wenn/sobald du 18 wirst …

8 Füge *si* oder *quand* in die folgenden Sätze ein.

___________ tu vois Carole, dis-lui de m'appeler.

___________ elle va en disco, elle s'habille toujours bien.

___________ vous serez vous-mêmes parents, vous comprendrez.

___________ il pleut, l'incendie s'arrêtera.

___________ on la critique, elle commence toujours à pleurer.

___________ ils boivent comme ça, ils ne pourront pas conduire.

Das Pronomen *y* – *Le pronom «y»*

y steht für einen **Ort**:

Au collège? On y va tous les jours.	wir gehen dorthin
Brignoles? Je connais bien: j'y suis née!	ich bin dort geboren

9 Erinnerst du dich an die Texte in *Module 1* deines Unterrichtswerks? Finde heraus, von welchen Orten hier die Rede ist.

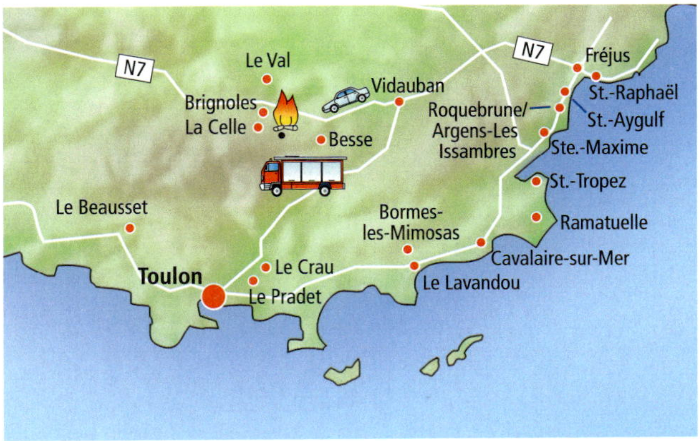

a) Jonathan voudrait y être: ______________________

b) En ce moment, il y fait 35°: ______________________

c) 10 000 hectares y ont brûlé en trois jours: ______________________

d) Deux enfants y dormaient: ______________________

e) Des touristes y font du feu en été: ______________________

f) La police y met les voleurs: ______________________

g) Les Canadairs y prennent l'eau: ______________________

10 Wie du gesehen hast, passieren oft Waldbrände in Südfrankreich. Vervollständige die Vokabeln, die mit dieser Katastrophe zu tun haben (für jeden Strich ein Buchstabe).

un i _ _ _ _ d _ _

un f _ _

la _ o _ _ _

un b _ _ _ _ é

un p _ m _ _ _ _

les f _ a _ _ _ _

le v _ _ _

un C _ n _ _ _ _ _

11 Verbinde die Elemente aus beiden Spalten

a) um den Brand zu erzählen.

1.	Les flammes faisaient
2.	Le feu avançait
3.	Le vent était
4.	L'herbe, les arbres étaient
5.	Il n'avait pas plu
6.	Les Canadairs ont pris l'eau

a)	complètement secs.
b)	dans la mer à 60 km de là.
c)	depuis plusieurs mois.
d)	20 m de haut.
e)	très fort.
f)	à plus de 3 km/h.

b) um die Bilanz dieser Katastrophe zu ziehen.

1.	A Brignoles, le feu a détruit
2.	Les pompiers ont perdu
3.	Un garçon a sauvé
4.	Le Var a perdu
5.	L'incendie a fait
6.	Un arbre qui meurt,

a)	c'est une vie qui s'en va.
b)	un terrain de camping.
c)	plus de 30 blessés.
d)	un de leurs camions.
e)	deux enfants enfermés.
f)	10 000 hectares de forêt en trois jours.

12 Schreibe das Gegenteil in die Lücken.

Un garçon a **(fermé)** ________________ la porte du camping-car.

L'incendie a **(fini)** ________________ à côté du camping.

A **(midi)** ______________ tout le monde **(était réveillé)** ________________.

Les pompiers ont **(mis)** ________________ le feu.

Les flammes ont **(construit)** ________________ 15 maisons.

Quelqu'un a **(dit tout bas)** ________________ «Au feu!»

Le vent **(est devenu plus fort)** ______________________ le matin.

13 Die Zeit spielt in den Brandberichten eine dramatische Rolle. Übersetze die zeitlichen Angaben.

Cette histoire se passe **(Ende Juni)** __________________,

(am 23. Juni) ______________________ exactement. **(Gegen Mitternacht)**

___________________________, le feu est arrivé au camping. Les pompiers

se sont battus **(die ganze Nacht)** ___________________________________.

(Im letzten Moment) ____,

on a sauvé deux enfants.

C'est **(jedes Jahr)** ___________________________________ la même chose.

La région est très sèche **(im Sommer)** ______________________________,

10 000 hectares perdus **(in 3 Tagen)** ________________________________.

La pluie a commencé **(früh am Nachmittag)** _________________________

___________________________.

14 In *Module 1* deines Schulbuchs hast du die Berufsbezeichnungen wiederholt. Erkenne nun, welcher Beruf jeweils beschrieben wird.

Elle joue dans des films. ______________________________

Il fait des reportages.

____

Ils éteignent les incendies.

____

Elle donne des cours. ______________________________

Il travaille dans un restaurant.

____

Elles travaillent dans
un grand magasin.

____

Il s'occupe des malades. ______________________________

Ils mettent les voleurs en prison. ______________________________

Il s'occupe de mécanique. ______________________________

Hören und verstehen 18

15 Höre genau hin. Die folgenden Aussagen sind entweder richtig oder falsch.

1. ☐ richtig ☐ falsch
2. ☐ richtig ☐ falsch
3. ☐ richtig ☐ falsch
4. ☐ richtig ☐ falsch
5. ☐ richtig ☐ falsch
6. ☐ richtig ☐ falsch
7. ☐ richtig ☐ falsch
8. ☐ richtig ☐ falsch

Hören und nachsprechen 19

16 Höre dir die folgenden Sätze an und sprich sie nach.

Hören und schreiben 20

17 Höre dir den vollständigen Text an und ergänze die Lücken.

Moi aussi, j'__________ dans le Var, mais plus __________ __________ la mer. La plage est ____ __________ km de chez nous. Notre région est une des __________ __________ de France. Il y a des __________ typiques __________, par exemple, les pins parasol et les mimosas. Mais je me __________ combien de __________ encore, on __________ cette belle nature __________ nos yeux. Année __________ année, des milliers d'hectares __________. L'année __________, le feu est arrivé de tous ______ __________ en même temps. On a dû __________ notre maison et tout laisser __________ nous. Je n'ai ________ ________ sauf mes enfants, les __________ et un petit sac avec le minimum. J'__________ très triste mais le plus __________, c'est de __________ sa vie.

Das Wesentliche verstehen

18 Groß war die Überraschung der Schüler in Brignoles, als der Feuerwehrmann sich als Feuerwehrfrau herausstellte. Wie steht es zur Zeit mit der Berufswahl der jungen Franzosen und Französinnen? Mehr darüber wirst du im folgenden Text erfahren.

Garçon ou fille: choix d'un métier.

En 2004, 68 % des filles ont obtenu le baccalauréat contre 56 % des garçons. Globalement, les filles réussissent plus souvent aux examens que les garçons. Et cela est vrai pour tous les niveaux d'examen. Pourtant l'ensemble des filles s'orientent vers les filières classiquement féminines, comme l'enseignement, la vente, les soins de beauté, le social ou le médical ou le secrétariat. Inversement, de nombreux domaines restent dans les mains des hommes. C'est le cas pour les secteurs scientifiques et industriels, la mécanique, la construction, l'ingéniérie ou les métiers traditionnels comme boulangers, cuisiniers, conducteurs etc. Un seul métier reste encore interdit aux femmes: travailler dans un sous-marin.
Il existe actuellement 255 professions et dans 167 d'entre elles, on trouve seulement 10 % de filles. Comment expliquer ces chiffres?
Ces choix d'orientations ne sont pas toujours motivés par les compétences des élèves. Les filles, même bonnes en maths, préfèrent les sections littéraires et les garçons doués pour le français et les langues optent malgré tout pour les sections scientifiques. Pourquoi?
Sûrement parce que les adolescents sont influencés par les exemples qu'ils ont autour d'eux. Pour imaginer leur futur professionnel, ils ont besoin de modèles, et pour ça, ils regardent les métiers exercés par les hommes et femmes qu'ils connaissent. Et il faut bien avouer qu'ils voient très peu de modèles originaux, du genre hommes secrétaires ou travaillant dans une école maternelle. Ou bien de femmes informaticiennes, conductrices de train, chefs d'entreprise ou mécaniciennes. Alors ils reproduisent les schémas qui existent sans chercher de possibilités nouvelles.
Il serait temps que les mentalités changent et que les filles choisissent des orientations jusque là réservées aux hommes. Car c'est un avantage pour la société d'avoir un bon mélange d'hommes et de femmes dans toutes les branches et dans toutes les positions hiérarchiques.

Kreuze an, ob die folgenden Aussagen den Textinhalt richtig oder falsch wiedergeben.

	richtig	falsch
1. Mädchen schneiden besser bei Prüfungen ab.	☐	☐
2. Viele Mädchen wählen naturwissenschaftliche Fächer.	☐	☐
3. In 167 Berufen findet man nur 10% Mädchen.	☐	☐
4. Es gibt einen einzigen Beruf, der Frauen ausschließt.	☐	☐
5. Medien liefern die Vorbilder für die Berufswahl.	☐	☐
6. Menschen mit ausgefallenen Berufen sind Vorbild.	☐	☐
7. Jungen entscheiden sich für „männliche“ Berufe.	☐	☐

Modul 2

Le subjonctif présent – Verben mit einem Stamm

Der *Subjonctif* ist ein **Modus**. Er gibt die Einstellung des Sprechers zum Gesagten wieder. Aber zuerst seine Formen und seine Endungen:

Il faut …
que j'invit**e** Marc
que tu invit**es** Marc
qu'il/elle/on invit**e** Marc
que nous invit**ions** Marc
que vous invit**iez** Marc
qu'ils/elles invit**ent** Marc

Il faut …
que je lui écriv**e**
que tu lui écriv**es**
qu'il/elle/on lui écriv**e**
que nous lui écriv**ions**
que vous lui écriv**iez**
qu'ils/elles lui écriv**ent**

Die *Subjonctif*-Formen bei ***nous*** und ***vous*** sind dieselben wie im *Imparfait*.
Die übrigen Formen werden vom Stamm der **3. Person Plural Präsens** abgeleitet.

Tipp Die Endungen ***-e, -es, -e, -ions, -iez, -ent*** gelten **für alle Verben außer *avoir* und *être*.**

1 Du wirst gleich sehen, dass die regelmäßige Bildung des *Subjonctif* ein Kinderspiel ist! Als zusätzliche Hilfe steht hier das *Présent* der Verben. Bilde daraus die passende *Subjonctif*-Form.

présent	subjonctif	subjonctif
ils cherchent	que tu	que vous
ils finissent	que nous	qu'elle
ils disent	que je	que nous
ils mettent	qu'elle	que tu
ils connaissent	que nous	qu'ils
ils dorment	qu'il	que vous
ils partent	que je	qu'elles
ils attendent	que tu	qu'on

Le Subjonctif présent – Verben mit zwei Stämmen

Bei Verben mit zwei Stämmen im *Présent* wird der *Subjonctif* aus dem Stamm der 3. bzw 1. Person Plural gebildet. Beispiel *prendre*:

	Présent	Subjonctif
	je prends	que je **prenn**e
	tu prends	que tu **prenn**es
	il/elle/on prend	qu'il/elle/on **prenn**e
→	nous **pren**ons	que nous **pren**ions
	vous prenez	que vous **pren**iez
→	ils/elles **prenn**ent	qu'ils/elles **prenn**ent

Die Endungen sind die gleichen wie bei Verben mit einem Stamm.

Tipp Nachdem dir die Formen des *Subjonctif* Plural bereits aus dem *Imparfait (nous/vous)* bzw. *Présent (ils)* bekannt sind, brauchst du dir nur die Singularformen gut zu merken!

2 Weil der *Subjonctif* die *ils*-Form gemeinsam mit dem *Présent* teilt und die *nous*- und *vous*-Formen die gleichen sind wie im *Imparfait*, wiederhole sie für die folgenden Verben mit zwei Stämmen und ergänze die passende *Subjonctif*-Form.

	présent	imparfait	subjonctif
apprendre	ils	nous	j'
acheter	ils	vous	tu
boire	ils	vous	il
venir	ils	nous	elle
devoir	ils	nous	on
recevoir	ils	vous	tu
voir	ils	nous	je

Der Gebrauch des *Subjonctif* – *L'emploi du subjonctif*

Nach Verben und Äußerungen, die eine **Notwendigkeit**, eine **Forderung**, einen **Wunsch**, ein **Gefühl** oder eine **persönliche Wertung** ausdrücken, steht automatisch der ***Subjonctif*** im Nebensatz.
Diese Ausdrücke nennt man ***Subjonctif*-Auslöser**. Sie sind alle von ***que*** begleitet.

Du kommst mit uns. Tu viens avec nous. (*Indicatif*)

Dieselbe Aussage nach einem ***Subjonctif*-Auslöser** wie:

Il faut que
Je veux que
Il aimerait que
Je suis content que
C'est bien que

} tu **viennes** avec nous. *(Subjonctif)*
dass du mit uns kommst.

3 Entscheide, ob die *Subjonctif*-Auslöser in folgenden Beispielen eine Notwendigkeit, eine Forderung, einen Wunsch, ein Gefühl oder eine persönliche Wertung ausdrücken.

Il voudrait qu'on décrive notre projet. ______________________

C'est absolument nécessaire que nous prenions des photos. ______________________

C'est bizarre qu'il ne réponde pas. ______________________

Je suis triste que tu partes. ______________________

Je veux que tu me dises comment faire. ______________________

Ce serait génial que notre classe gagne le premier prix. ______________________

Je trouve bien qu'on prenne l'avion. ______________________

Sonderformen

Nur wenige Verben bilden die *Subjonctif*-Formen nicht nach der Grundregel. Diese Formen muss man auswendig lernen, weil sie sehr oft vorkommen.

Verben mit einem *Subjonctif*-Stamm + übliche Endungen:

faire	**pouvoir**	**savoir**
que je **fass**e	que je **puiss**e	que je **sach**e
que vous **fass**iez	que vous **puiss**iez	que vous **sach**iez

Verben mit zwei *Subjonctif*-Stämmen:

avoir		**être**	
que j'**ai**e	[ɛ]	que je **soi**s	[swa]
que tu **ai**es	[ɛ]	que tu **soi**s	[swa]
qu'il **ai**t	[ɛ]	qu'il **soi**t	[swa]
que nous **ay**ons	[ɛjõ]	que nous **soy**ons	[swajõ]
que vous **ay**ez	[ɛje]	que vous **soy**ez	[swaje]
qu'ils **ai**ent	[ɛ]	qu'ils **soi**ent	[swa]

aller		**vouloir**	
que j'**aill**e	[aj]	que je **veuill**e	[vœj]
que tu **aill**es	[aj]	que tu **veuill**es	[vœj]
qu'il **aill**e	[aj]	qu'il **veuill**e	[vœj]
que nous **all**ions	[aljõ]	que nous **voul**ions	[vuljõ]
que vous **all**iez	[alje]	que vous **voul**iez	[vulje]
qu'ils **aill**ent	[aj]	qu'ils **veuill**ent	[vœj]

4 *Il faut que* ist ein absoluter *Subjonctif*-Auslöser, den du sehr oft anwenden wirst. Mach dich fit, indem du *devoir* durch *il faut que* + Verb im *Subjonctif* ersetzt.

D'abord, on *doit aller* au collège. ______________________________

Nous *devons avoir* le 1er prix. ______________________________

Vous *devez choisir* un autre sujet. ______________________________

Tu *dois faire* des photos. ______________________________

Je *dois être* là. ______________________________

Le prof *doit* nous *aider*. ______________________________

5 Das Verb *vouloir* drückt eine Forderung aus und mit *ne pas vouloir* wird ein Verbot ausgesprochen. Darauf folgt unbedingt der *Subjonctif*!

Les parents de Laure ne veulent pas

qu'elle **(sortir)** ______________ le soir.

qu'elle **(faire)** ______________ de la moto.

qu'elle **(fumer)** ______________.

qu'elle **(aller)** ______________ en disco.

qu'elle **(avoir)** ______________ un copain.

qu'elle **(être)** ______________ en retard pour les repas.

Infinitivkonstruktion statt *Subjonctif* – *L'infinitif à la place du subjonctif*

Der ***Subjonctif*** ist **nur möglich**, wenn Hauptsatz (Auslöser) und Nebensatz („*que*-Satz") **unterschiedliche Subjekte** haben. Bei nur **einem Subjekt** musst du im Nebensatz einen **Infinitiv** benutzen.

Je voudrais que **tu** sois là.	(2 Subjekte = 2 Personen)	→ ***Subjontif***
Je voudrais être avec toi.	(1 Subjekt = gleiche Person)	→ ***Infinitif***

6 Verbinde die Sätze wie im Beispiel. Treffe die richtige Wahl zwischen *Subjonctif* und *Infinitif*.

Il ne fait pas beau. Je suis désolée.

→ **Je** suis *désolée* **qu'il** ne fasse pas beau.

Je parle mal français. Je suis désolé.

Je …

Nous sommes en retard. Je le crains.

…

Notre fille fera des études. Nous le voulons.

…

Tu ne connais pas Sven? C'est bizarre.

…

Vous pouvez venir demain? C'est important.

…

Elle part. Elle est triste.

…

Tu as de mauvais amis. Ça ne me plaît pas.

…

Die Demonstrativpronomen – *Les pronoms démonstratifs*

Die Demonstrativpronomen ersetzen ein Nomen.

On prend quel métro? Ce métro ou ce métro? → Celui-ci ou celui-là?

Es gibt 4 Formen:

	Maskulin		**Feminin**
Sg.: **celui**	der/den(jenige,n)	Sg.: **celle**	die(jenige)
Pl.: **ceux**	die(jenigen)	Pl.: **celles**	die(jenigen)

Diese Pronomen stehen nie allein. Sie sind immer gefolgt von:

-ci oder *-là*
qui, que, dont, où
de, pour, avec oder anderen Präpositionen.

7 Ergänze den Text mit *celui, celle, ceux, celles.*

Son t-shirt est plus cool que ______________ de Laurent.

Prends cette photo. – Laquelle? – ______________ où tu es avec Sven.

Ici, les élèves de 3e, là, ______________ de 4e.

Mes fêtes préférées sont ______________ où on danse.

Ces ordi sont plus modernes que ______________ que nous avons.

Il est beau, ce type! – Lequel? – ______________

avec le portable.

Die Veränderlichkeit des *Participe passé* beim *Passé composé* mit *avoir* – *L'accord du Participe passé avec «avoir»*

Beim *Passé composé* mit ***être*** richtet sich das ***Participe passé*** in Genus und Numerus nach dem **Subjekt**.
Beim *Passé composé* mit ***avoir*** verändert sich das ***Participe passé*** nur dann, wenn ihm ein **direktes Objekt** (Frage: wen/was?) **vorausgeht**.

La carte **que** j'ai envoyé**e**. Ces photos? Je **les** ai fait**es** hier.
J'ai aimé les films **que** nous avons vu**s** ensemble.

Diese Regel gilt auch für andere zusammengesetzte Zeiten, wie z. B. das *Plus-que-parfait*.

8 Schaue dir die Sätze genau an. Markiere die direkten Objekte und passe, wenn nötig, das *Participe passé* an.

On a acheté_____ des sandwichs et on les a mangé_____ sur le bateau.

J'ai vu_____ Alice hier mais je ne l'ai pas reconnu_____ tout de suite.

On a collé_____ les affiches que nos corres avaient fait_____.

On a visité_____ une exposition que j'ai trouvé_____ intéressante.

Après, nous sommes allé_____ en ville et on a pris_____ des photos.

C'est le garçon qu'elle a rencontré_____ sur la plage.

9 Beantworte die Fragen mit einem direkten Objektpronomen *(le, la, les)* und achte auf das *Participe passé*.

Tu as fait tes devoirs? – Oui, je ______________________________.

Tu as corrigé les fautes? – Oui, je ______________________________.

Tu as appris ta leçon? – Oui, je ______________________________.

Tu as retrouvé ton sac? – Oui, je ______________________________.

10 Weil Gefühle und Wertungen vom *Subjonctif* begleitet werden, trage alle ein, die du schon kennst.

Französisch	Deutsch
	dumm
triste	
	glücklich
bizarre	
	gut
important	
désolé	

Französisch	Deutsch
dingue, fou	
	eifersüchtig
terrible	
	schade
j'en ai marre!	
	froh
	böse

11 Was wird hier beschrieben? Als Hilfe steht der Anfangsbuchstabe schon da.

a) Elle parle couramment deux langues: elle est b_______________

b) Quand on joue, c'est le contraire de perdre: g_______________

c) C'est là qu'on prend l'avion: à l'a_______________

d) C'est là que les bateaux arrivent: au p_______________

e) C'est une histoire ou une situation drôle: une b_______________

f) C'est un endroit de rêve: le p_______________

g) C'est la femme d'un roi: la r_______________

h) Quand on est en colère contre quelqu'un, on a: une d_______________

12 Das Schülertreffen findet zu Ostern statt. Eine gute Gelegenheit die Monatsnamen zu wiederholen. Bringe diesen Buchstabensalat in Ordnung:

NIJU	______________	**BERDEMEC**	______________
VERFIRE	______________	**PERTEMBES**	______________
AMI	______________	**JIVERNA**	______________
ATOÛ	______________	**VERBONEM**	______________
VIRAL	______________	**OBRECTO**	______________
SARM	______________	**JETULLI**	______________

13 Neben Ostern gibt es viele andere Feiertage. Schreibe das Datum bzw. den Namen der beschriebenen Traditionen, mit der richtigen Präposition.

Les fêtes en France. Ce jour-là …

on fait des blagues: ______________________________

on mange des crêpes: ______________________________

c'est la fête nationale en France: ______________________________

les enfants reçoivent des cadeaux: ______________________________

on offre des œufs en chocolat: ______________________________

c'est la fête du travail: ______________________________

14 Der Umgang mit dem PC sorgt immer wieder für Aufregung. Weil dies öfter passiert, solltest du dir die folgenden Vokabeln gut merken! Übersetze sie.

der PC: ______________________

der Laptop (aber auch das Handy!): ______________________

das Programm / die Software: ______________________

sich ins Internet einloggen: ______________________

der Bildschirm: ______________________

die digitalen Daten: ______________________

abstürzen: ______________ klicken: ______________

die Maus: ______________ die Tastatur: ______________

15 Die französischen Schüler benutzen viele lockere Sprüche, um ihre Gefühle auszudrücken. Setze die passenden Wörter aus der folgenden Liste ein:

Le pied! C'est trop! Mince alors! L'horreur! La totale! Mon pauvre!

______________, je n'arrive pas à me connecter!

C'est vraiment ______________: rien ne marche!

Et maintenant, tout le monde crie et se dispute: ______________

______________ pour moi! J'arrête.

______________, tu dois tout refaire!

Et puis, Mme Bartoli a sauvé la situation, ça, c'était ______________

Hören und verstehen 21

16 Höre genau hin. Die folgenden Aussagen sind entweder richtig oder falsch.

1. ☐ richtig ☐ falsch
2. ☐ richtig ☐ falsch
3. ☐ richtig ☐ falsch
4. ☐ richtig ☐ falsch
5. ☐ richtig ☐ falsch
6. ☐ richtig ☐ falsch
7. ☐ richtig ☐ falsch
8. ☐ richtig ☐ falsch

Hören und nachsprechen 22

17 Höre dir die folgenden Sätze an und sprich sie nach.

Hören und schreiben 23

18 Höre dir den vollständigen Text an und ergänze die Lücken.

C'était ____ ________________ ________ que je venais dans le Midi. On avait quitté Hambourg ________ ____ __________, mais ici, il ______________ très beau. Les gens étaient __________ aux terrasses des cafés et discutaient fort. Je pensais qu'ils ____ ________________. Mais non, c'est le tempérament méditerranéen! Ici, on passe beaucoup de temps ____ __________ à midi et ____ ________. Par contre, ____ __________ ________________ est hyper rapide. Les Français ______________ ______ les Allemands aiment travailler. Mais nous, on __________ ________ __________ de s'amuser que de préparer le site. Alors quand l'ordi ____ ______ ____________, on était très contents!

Das Wesentliche verstehen

19 Vielleicht hast du Lust bekommen, mehr über Marseille zu erfahren? Unter www.Marseille-tourisme.com wirst du unzählige Tipps und Infos finden. Die Stadt ist eine gute Mischung aus Tradition und Modernität. Mehr darüber in der folgenden Zusammenfassung.

Marseille, chiffres et faits.

Avec ses quelque 800 000 habitants – dont un sur deux a actuellement moins de 40 ans –, Marseille est la 2e ville de France. C'est aussi la plus ancienne puisqu'elle existe depuis 2600 ans.
Et depuis toujours, cette ville du bord de mer est ouverte sur le monde entier. Elle présente une grande diversité culturelle qui se reflète dans ses centaines de quartiers, tous différents les uns des autres. Cette diversité a aussi donné naissance à une vie culturelle très riche et entre temps, elle est devenue un centre d'expérimentation en musique et en technique audio-visuelle.
A côté de ses activités économiques dans l'industrie et la recherche, Marseille accueille 45 000 étudiants. C'est une ville qui a su à la fois conserver ses traditions et se tourner vers l'avenir.
Et depuis que le TGV permet de faire le trajet Paris-Marseille, soit 772 km, en trois heures, elle attire de plus en plus de monde et elle se développe, elle aussi, à grande vitesse. On vient ici pour profiter du beau soleil et du cadre naturel plein de charme. On visite ses petites îles, comme celle du célèbre Château d'If où était prisonnier le fameux Comte de Monte-Cristo, le Vieux-Port et son marché aux poissons, ses magnifiques calanques, ses collines chantées par Pagnol, sans oublier l'église Notre-Dame qui domine la ville. On se promène sur la fameuse Canebière et on déguste un pastis ou une bouillabaisse, deux créations locales connues maintenant dans le monde entier. Ou alors, on vient pour faire la fête et assister à un festival de musique, théâtre ou danse. Ou bien pour visiter une des nombreuses foires et manifestations qui ont lieu tout au long de l'année. Sans parler des multiples possibilités offertes par ce paradis de la plongée et du nautisme. Il y en a pour tous les goûts et pour tous les âges.

Finde im Text diejenigen Teile, die folgende Aussagen belegen. Bilde vollständige Sätze.

1. Marseilles Bevölkerung ist jung.

____

2. Diese Stadt gibt es schon sehr lange.

____

3. Die Bewohner dieser Stadt kommen aus verschiedenen Ländern.

____

4. Paris ist nur noch ein Katzensprung von Marseille entfernt.

____

5. Marseille ist für zwei Gaumenfreuden weltbekannt.

____

6. Weil Marseille am Meer liegt, ist die Stadt ideal für viele Wassersportarten.

____

7. Man kann an kulturellen Veranstaltungen teilnehmen.

____

8. Diese Stadt entwickelt sich sehr schnell.

____

Modul 3

Präpositionen vor Ländernamen (1) – *Préposition + nom de pays* (1)

Im Französischen stehen Ländernamen mit dem Artikel:

Le Canada est un grand pays. Je connais bien **la** France et **l'**Italie.

Ländernamen, die auf **-e** enden, sind in der Regel weiblich. Die anderen Ländernamen sind männlich. Einige Länder oder Inselnamen sind im Plural:

les Etats-Unis, les Pays-Bas, les Canaries.

Auf eine Frage mit „wo" und „wohin" steht:

bei **femininen** Ländernamen → **en**
bei **maskulinen** Ländernamen → **au**
bei Namen im **Plural** → **aux**

J'habite **en** Allemagne. On va **en** Italie, **au** Sénégal. Il est **aux** Pays-Bas.

1 Paul ist viel gereist und erzählt gerne, wo er überall war. Füge die Artikel ein.

Alors, en Europe, je connais _____ Espagne, _____ Portugal,

_____ Grèce. _____ Kosovo, _____ Luxembourg, _____ Hollande et

_____ Belgique. Mais j'ai aussi visité _____ Afrique. Je connais bien

_____ Kenya et _____ Caméroun et _____ Tanzanie. J'aime aussi

_____ Asie: _____ Japon et _____ Chine sont des pays formidables.

Cette année, je voudrais visiter _____ Australie et _____ Etats-Unis.

2 Ergänze die Sätze mit einer Präposition.

Ils sont actuellement _____ Portugal.

Il travaille _____ Chine.

Je voudrais aller _____ Indonésie.

Tu as habité _____ Japon?

Nous allons _____ Pays-Bas en mai.

Le concours se passe _____ Canada.

On a fait un voyage _____ Danemark.

Präpositionen vor Ländernamen (2) – *Préposition + nom de pays* (2)

Auf die Frage mit „woher" steht:

bei **femininen** Ländernamen → ***de/d'*** (ohne Artikel)
bei **maskulinen** Ländernamen → ***du***
bei Namen im **Plural** → ***des***

3 Woher kommen diese Leute? Ergänze die Präposition.

Ils rentrent ______ Etats-Unis.

Nous sommes revenus hier ______ Autriche.

Tu viens ______ Belgique ou ______ Luxembourg?

L'avion arrive ______ Sénégal.

Je rentre ______ Pologne ce week-end.

Elle est déjà de retour ______ Japon?

Ces étudiants sont ______ Maroc.

Vous venez ______ Angleterre?

On arrive juste ______ France.

Das Fragepronomen *lequel* – *Le pronom interrogatif «lequel»*

Lequel fragt nach **Sachen** und **Personen**, die vorher genannt wurden. Es richtet sich in **Genus** und **Numerus** nach diesen **Bezugswörtern**.

Elle a quatre sœurs. Laquelle tu préfères?	welche (fem. sing.)
L'homme là-bas, c'est le nouveau prof. – Lequel des deux?	welcher (mask. sing.)
Il y a beaucoup de boutiques. – Lesquelles sont le plus branchées?	welche (fem. plur.)
Je connais plusieurs pays. – Lesquels?	welche (mask. plur.)

4 Ergänze die Fragen mit *lequel.*

Il y a de bons films au ciné. ______________ tu voudrais voir?

Elle parle trois langues. – ______________?

J'ai fait une faute idiote à la dictée. – ______________?

Tu as visité plusieurs villes. ______________ tu préfères?

Beaucoup d'animaux vivent ici. – Ah oui, ______________?

J'ai le choix entre deux hôtels. ______________ tu me conseilles?

Das Fragepronomen *lequel* nach einer Präposition – *Le pronom interrogatif «lequel» après une préposition*

Lequel kann nach Präpositionen stehen.

Mit der Präposition ***à*** verschmelzen *lequel, lesquels, lesquelles* zu: ***auquel, auxquels, auxquelles***

Mit der Präposition ***de*** zu: ***duquel, desquels, desquelles***

5 Rätsel: Was wird mit *lequel* beschrieben?

a) C'est le pays dans lequel se passe le concours de dictée. ______

b) C'est le nom du concours auquel Daniel et Aminata participent. ______

c) C'est un endroit dans lequel vivent des Indiens. ______

d) C'est le garçon auquel Aminata fait la bise. ______

e) Ce sont les personnes grâce auxquelles Aminata retrouve l'hôtel. ______

f) Ce sont des animaux auxquels il faut faire attention dans la forêt canadienne. ______

6 Nun bist du selbst dran, Rätsel zu schreiben. Füge eine Präposition und *lequel* ein. Notiere auch die Antworten dazu!

C'est le magasin ______________________ Bastien entre:

____

Ces sont les personnes ______________________ Daniel discute:

____

C'est le sport ______________________ Bastien s'intéresse le plus:

____

C'est l'expression ______________________ on dit qu'il fait très froid:

____

C'est un élément naturel ______________________ on fait du hockey:

____

C'est le métier ______________________ Daniel pense avoir du talent:

____

Das *Passé simple* – *Le Passé simple*

Das ***Passé simple*** ist eine Vergangenheitsform, die nur noch **schriftlich** benutzt wird. Man findet sie in der Literatur und in der Presse. Sie **entspricht** dem ***Passé composé.*** Die **3. Person** kommt im **Singular** und **Plural** am **häufigsten** vor.

Verben auf ***-er*** (donner)	Verben auf ***-ir / -dre*** (partir / prendre)
il/elle donn**a**	il/elle part**it** / pr**it**
ils/elles donn**èrent**	ils/elles part**irent** / pr**irent**

7 Das *Passé simple* brauchst du nur zu erkennen, wenn du es liest. Du wirst sehen, dass es nicht schwer ist, das Ursprungsverb zu erraten. Probiere es bei dieser Übung und schreibe den Infinitiv dazu.

Ils firent une longue promenade dans le parc. ____________

La température monta à 40°. ____________

Clotilde eut vite très chaud. ____________

Elle voulut rentrer au château. ____________

A 5h, la famille vint prendre le thé. ____________

Mais tout le monde préféra boire une limonade. ____________

Ils discutèrent du prochain bal. ____________

Clotilde fit une proposition: un bal masqué. ____________

Ils furent tous d'accord avec cette idée. ____________

8 In der gesprochenen Sprache wird das *Passé simple* durch das *Passé composé* ersetzt. Schreibe die folgenden Sätze jetzt als modernen Text.

Ce matin-là, il se leva ______________________ très tôt.

Il prit ______________ son petit déjeuner. Puis, il écrivit ______________

une lettre à Aurélie. Quand la lettre arriva ______________________,

Aurélie fut ___________ très heureuse car c'était une demande en

mariage.

Un mois plus tard, ils se marièrent ________________________________

et bien sûr, ils eurent _________________ beaucoup d'enfants.

9 Wie Aminata möchtest du Bastien einige Fragen über Kanada stellen. Ergänze mit den Relativpronomen *ce qui* oder *ce que*.

J'aimerais bien savoir …

______________ tu as fait au Québec.

______________ les Québécois pensent des Français.

______________ coûte le plus là-bas: le resto ou l'hôtel?

______________ mangent les ours.

______________ intéresse les jeunes Canadiens.

______________ on peut faire l'hiver.

______________ est différent de chez nous.

______________ il y a dans la ville souterraine.

10 Übersetze.

Sag mir, was du denkst.

____

Ich weiß nicht, was ich heute Abend machen werde.

____

Was mir hier gefällt, ist die Natur.

____

Was ich dort gesehen habe, ist wirklich toll.

____

Er möchte wissen, was dort passiert.

____

11 In den Texten über Kanada und Kamerun kommen viele Tiernamen vor. Bilde aus den Puzzlesteinen die Namen von acht Tieren und schreibe jeweils den Artikel dazu.

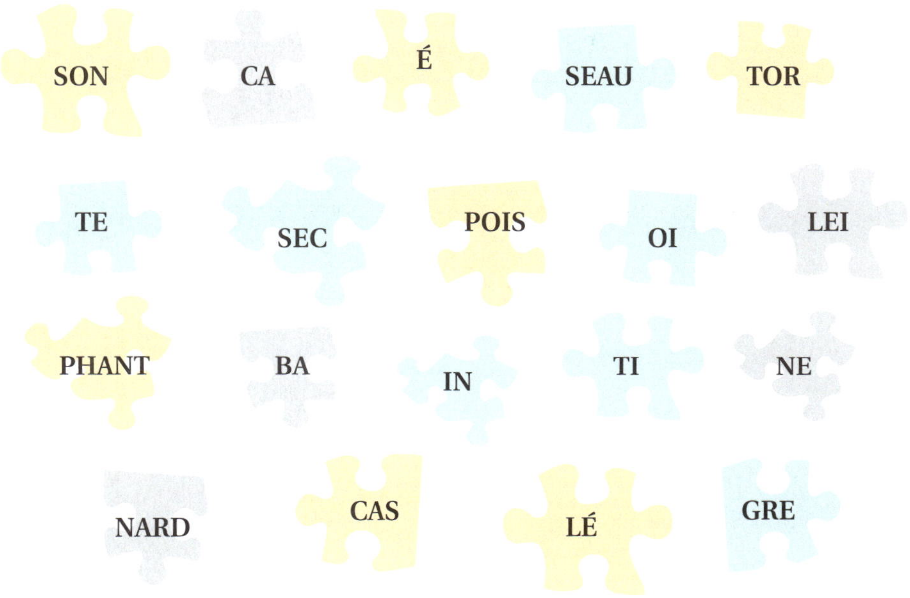

____

____

____

12 Welches Wort passt nicht in die Zeile? Markiere es.

a) **émission – studio – film – magasin – nouvelles**

b) **concours – candidats – réserve – finale – résultats**

c) **ours – érable – castor – baleine – canard**

d) **chasse – chaleur – froid – neige – pluie**

13 Wie sagst du das im Französischen? Alle Verben findest du in *Module 3*.

Il fait beau, alors je veux **(genießen)** ________________ du soleil.

Daniel **(vertritt)** ____________________ la France au concours.

Il **(nimmt teil)** __________________ à la finale.

J'ai une surprise pour toi! **(Rate mal)** ________________!

Le conte camérounais explique comment Dieu **(hat erschaffen)**

________________ toutes les choses.

Julie regarde des films en anglais pour **(verbessern)** __________________

cette seconde langue.

Le soir, ils **(kehren zurück)** ________________ à l'hôtel.

14 In Québec haben die Kanadier nicht nur einen anderen „accent" als die Franzosen, sie benutzen z. T. auch andere Ausdrücke. Schreibe die fehlenden Teile.

à Québec, on dit …	**en France, on dit …**
	le week-end
	faire du shopping
le carré (Parkanlage)	
le courriel (courrier électronique)	
le bec	
le char	

Hören und verstehen 24

15 Höre genau hin. Die folgenden Aussagen sind entweder richtig oder falsch.

1. ☐ richtig ☐ falsch
2. ☐ richtig ☐ falsch
3. ☐ richtig ☐ falsch
4. ☐ richtig ☐ falsch
5. ☐ richtig ☐ falsch
6. ☐ richtig ☐ falsch
7. ☐ richtig ☐ falsch
8. ☐ richtig ☐ falsch

Hören und nachsprechen 25

16 Höre dir die folgenden Sätze an und sprich sie nach.

Hören und schreiben 26

17 Höre dir den vollständigen Text an und ergänze die Lücken.

Alors, ce ______________ au Canada, comment ça ___ ___________ passé? – Bon, au ___________, j'ai eu du mal à comprendre les gens parce qu'ils parlent avec un ___________ ___ accent. Mais on s'y _______________ assez vite. Les Québécois sont hyper _______________. Ils nous ont fait un ______________ très chaleureux. Ils disent que les _________________ sont leurs cousins. Ils aiment beaucoup ________ ________ et nous ont montré leur belle province. On a été à la *cabane à sucre* pour manger du _________ d'érable directement sorti de l'___________. On a vu des _________ et des ____________. Mais le gros problème, c'est ____ ________. Je me demande comment ils font ___ ___________ quand ____ _________ moins 30.

Das Wesentliche verstehen

18 Kaum zu glauben, dass junge Leute freiwillig an einem französischen Diktatwettbewerb teilnehmen wollen! Dennoch war diese Kompetition fast 20 Jahre lang ein großer Medienerfolg in der ganzen Welt. Wenn du Lust zum Mitmachen hast, dann brauchst Du nur im Internet nach „Bernard Pivot Dicos d'or" zu suchen. In den folgenden Auszügen findest du schon viele Informationen über diese *concours de français*.

Les Dicos d'or

Le 5 octobre 1985, les auditeurs des radios RTL et RMC entendent un texte bizarre, plein de difficultés grammaticales, de mots rares et de pièges phonétiques. Dans les studios de RTL, 80 spécialistes de la langue française participent au premier Championnat d'orthographe créé par Bernard Pivot. Dans leurs foyers, devant leur radio, des milliers de personnes sortent aussitôt papier et stylo pour tester à leur tour leur maîtrise de l'orthographe.

L'année d'après, cette émission, les Dicos d'or, est diffusée à la télé française et l'intérêt du public est impressionnant. Depuis cette date, le soir de la finale de dictée, hommes et femmes de tous âges, de tous les milieux, de toutes les cultures écrivaient le texte difficile dicté par Pivot. Et pas seulement des gens de plus de 50 ans! Non, puisque très vite le Crédit agricole organise chaque année une sélection scolaire à laquelle 500 000 collégiens et lycéens participent. Et peu à peu, la dictée devient l'emblème même de la francophonie. Elle a lieu une fois par an dans des endroits prestigieux comme l'Olympia (en 2000), le Stade de France (en 1997), l'Assemblée nationale (en 1993), l'Opéra Garnier (en 1998) ou la nouvelle Bibliothèque de France (en 1994). Et en 1992, elle quitte même la France et se déroule aux Etats-Unis, à New York, dans une salle de l'ONU. C'est le succès absolu. Un succès qui trouvera de plus en plus d'amateurs dans le monde entier et qui durera presque 20 ans. En novembre 2005, Bernard Pivot a préparé et lu sa dernière dictée. Il a réuni les meilleurs candidats des 20 dernières années qui sont venus se disputer l'ultime titre durant la superfinale. L'émotion est forte dans le public, tout le monde francophone regrette de voir la fin de cette belle aventure. Mais Pivot estime qu'il est temps d'arrêter et de passer à autre chose. On attend impatiemment ce que cet amoureux de la langue française va inventer de nouveau pour notre plaisir.

Beantworte die Fragen in vollständigen Sätzen.

1. Wo wurde das erste Diktat ausgestrahlt?

____

____

2. Wieso schreiben so viele normale Leute mit?

____

____

3. Ab welchem Jahr wurde das Diktat im Fernsehen ausgestrahlt?

____

4. Wer nimmt an diesem Wettbewerb teil?

____

5. Wo befinden sich die Räume der UNO, wo das Diktat in 1992 stattfindet?

____

6. Wie lange schon genießt diese Sendung einen großen Erfolg?

____

7. Wen hat Bernard Pivot für die letzte Sendung eingeladen?

____

Lösungen

LEKTION 1

1 Aujourd'hui, la mer est **plus chaude** qu'hier. Elodie n'est pas **moins belle/ jolie** que Charlotte. David est **aussi mignon que** Laurent. Mais il est **plus timide que** lui. Elodie a une **meilleure idée que** sa copine. Les vacances sont **plus intéressantes que** les jours d'école.

2 Quels sont les cours **les moins intéressants** … ? Quelle est la personne **la plus mignonne** … ? Quel est **le meilleur** élève … ? Quel est le/la prof **le/la moins sympa** … ? Quelle est la fille **la plus sportive** … ?

3 tu prenais; j'allais; il était; ils jouaient; vous faisiez; nous finissions; elle avait; on lisait.

4 on allait; on utilisait; on apprenait; on avait, c'était; on écoutait; on faisait; on jouait; les jeunes étaient.

5 a) Je **faisais** ***(imparfait)*** un beau rêve quand le téléphone **a sonné** ***(passé composé)***. b) Chaque fois qu'elle **allait** ***(imp)*** dans ce café, elle **prenait** ***(imp)*** un thé citron. c) Quand elle **a vu** ***(pc)*** Kevin pour la première fois, il **portait** ***(imp)*** un blouson rouge. d) J'**étais** ***(imp)*** pressée alors j'**ai couru** ***(pc)*** et je **suis tombée** ***(pc)***. e) Pendant que les garçons **jouaient** ***(imp)*** au volley, les filles les **regardaient** ***(imp)***.

6 Chaque année, j'**allais** ***(imp)*** en Bretagne chez mes grands-parents. Je n'**aimais** ***(imp)*** pas la Bretagne parce qu'il **pleuvait** ***(imp)*** souvent et que la mer **était** ***(imp)*** toujours froide. Et puis une fois, mes parents **ont décidé** ***(pc)*** d'aller sur la Côte d'Azur. Nous **avons fait** ***(pc)*** du camping au bord de la mer. Moi, j'**ai adoré** ***(pc)*** ces vacances. Mais mes parents **ont détesté** ***(pc)*** le bruit et … les prix.

7 Ce jour-là, je **faisais** de la voile … Le ciel **était** bleu, il **faisait** très chaud alors on **a décidé** de nager. J'**ai arrêté** le bateau et tout le monde, sauf moi, **a sauté** dans l'eau. Je les **regardais** faire les fous et j'**ai eu** envie de me baigner aussi. Mais juste au moment où j'**ai voulu** plonger, j'**ai vu** passer … J'**ai** vite **appelé** les copains et je leur **ai dit** de revenir. Ils **ont rigolé** et **continué** de jouer. J'**ai crié** plus fort … Ils **sont revenus** à bord … Nous **étions** tous blancs de peur. L'objet noir **est arrivé** dans notre direction. Et c'**est** là que nous **avons vu** que ce n'**était** pas un requin …

8 a) ballon; bateau; coquillage; plage; sable; voile.
b) à la plage; sur le sable; jouent au ballon; un stage de voile; un tour en bateau; un beau coquillage.

9 a) des cheveux; b) jaloux; c) rester; d) soirée; e) timide.

10 1 / e); 2 / c); 3 / a); 4 / f); 5 / g); 6 / d); 7 / b).

11 1 / c); 2 / b); 3 / a); 4 / b); 5 / c).

12 a) un sport d'**équipe**; b) le plus **branché**; c) avec ses **lunettes** de soleil; d) le coup **de foudre**; e) elle est très en **colère**.

13 **hier**: gestern; le lendemain: **am nächsten Tag**; alors: **also, dann**; plus tard: **später**; **d'abord**: zuerst; tout à coup: **plötzlich**; depuis: **seit**; **après**: danach; à partir de maintenant: **von nun an, ab jetzt**; **pendant les vacances**: in den Ferien; **enfin**: endlich, schließlich.

14
1. Elodie et Charlotte sont venues à Fécamp avec des copains. **– falsch**
2. Elles aiment bien parler des garçons et les comparer. **– richtig**
3. Le préféré de Charlotte porte un short jaune. **– richtig**
4. Laurent leur parle pendant qu'elles se baignent. **– falsch**
5. Il propose aux filles de jouer au volley. **– falsch**
6. Laurent plaît à Charlotte et à Elodie. **– richtig**
7. A la fête, il danse avec les deux filles. **– falsch**
8. En général, les garçons préfèrent toujours Charlotte. **– richtig**

15 On va se baigner tout de suite? – Oui, j'ai déjà très chaud.
Tu le trouves comment, ce Laurent? – Pas mal, et toi?
Il faut partir. Ma mère nous attend. – Je préfère rester encore un peu.
Ce mec n'est pas aussi gentil que tu penses. – Tu dis ça parce qu'il te plaît à toi aussi.
Tu es bête et tu ne veux pas comprendre! – Et moi, je crois que tu es jalouse.
Non, je dis ça parce que tu es ma meilleure amie. – Excuse-moi. Je suis désolée.

16 Laurent n'est pas un garçon très **gentil**. Il **drague** toutes les filles.
A l'**anniversaire** de David, il **danse** avec Charlotte toute la **soirée**. Mais le **lendemain**, il donne **rendez-vous** à Elodie au café de la **plage**. Elodie **comprend** son petit jeu et montre son **message** à sa copine. Charlotte **pense** d'abord qu'Elodie est **jalouse**. Puis ensemble, elles se **moquent** de lui.

17 a) Übersetzungshilfe:

Der Erfolg von Handy und SMS

Die heutige Jugend hat die vorgeschichtliche Epoche nicht gekannt, in der das Telefon einen festen Anschluss hatte und in der die Gespräche oft von jemandem der Familie mitgehört wurden. Es war unter diesen Umständen unmöglich, am Telefon zu flirten oder Geheimnisse mit Freunden auszutauschen. Zum Glück gibt es heute das Handy, dieses persönliche Gerät, das es ermöglicht, eine Verabredung zu treffen, in Kontakt zu jedem zu bleiben und mit dem man niemals das Gefühl hat, allein zu sein. Für den Jugendlichen ein ideales Werkzeug, um gleichzeitig unabhängig (von der Familie) und doch seinen Nächsten immer nahe zu sein. Die Mobilfunk-Anbieter und -Betreiber haben schnell begriffen, dass die alle Neuigkeiten liebenden Jugendlichen ihre Hauptkunden waren. Und die Zahlen zeigen tatsächlich, dass SMS und MMS im Alter zwischen 11 und 17 Jahre am meisten benutzt werden. Aber wie kann man erklären, dass schriftliche Mitteilungen so viel Erfolg haben, wenn es so einfach wäre, mit jemandem direkt zu sprechen?

1. richtig; 2. falsch; 3. richtig; 4. falsch; 5. falsch.

b) Übersetzungshilfe:

„Wenn man jemanden anruft, läuft man das Risiko diese Person zu stören, wenn sie gerade keine Lust hat, zu sprechen. Aber man kann eine SMS lesen, wann man will.“ *Caroline, 13 Jahre*

„Ich schreibe an meine Freunde und Freundinnen. Wir erzählen uns, was wir gerade machen. Die Frage ist oft: ‚Was machst Du?‘ Wir sprechen über viele Dinge, auch spät abends.“ *Sophie, 12 Jahre*

„Ich mag lieber SMS schicken als telefonieren, denn es ist billiger. Ich bin kein leidenschaftlicher Schreiber, aber mit SMS braucht man nicht auf Rechtschreibfehler zu achten. Ich schreibe in gekürzter Form. Zum Beispiel ‚KOI 2 9‘ ([kwoa de nœf]) für ‚Was gibt es Neues?‘“ *David, 16 Jahre*

„Es ist deprimierend, morgens aufzustehen, ohne eine SMS zu finden. Umgekehrt macht es richtig Spaß, die Namen seiner Freunde auf dem Display zu lesen. Der Inhalt der Nachricht ist dabei nicht das Wichtigste. Man freut sich vielmehr über die Tatsache, dass andere an einen gedacht haben.“ *Julie, 14 Jahre*

„Man benutzt SMS, um zu flirten und um zu fragen ‚Willst Du mit mir ausgehen?‘ Man kann Sachen schreiben, die man nicht wagen würde, direkt zu sagen. Es ist leichter zu schreiben ‚Ich liebe Dich‘, als es seinem Gegenüber zu sagen.“ *Antony, 16 Jahre*

„Es ist diskreter als ein Anruf: Man kann private Dinge schreiben, auch wenn andere dabei sind, sogar im Unterricht. Aber weil die Mitteilungen sehr kurz sind, versteht man sie manchmal ganz falsch, speziell wenn es Streit gibt.“ *Laurent, 17 Jahre*

1. David; 2. Sophie; 3. Caroline; 4. Julie; 5. Antony; 6. David; 7. Laurent.

LEKTION 2

1
– Ah bon, je croyais que tu **avais pris** un bon petit déjeuner.
– Ah oui? Je pensais qu'il **avait fait** la sieste tout le temps!
– C'est bizarre, je croyais qu'elle **avait tout noté**.
– Ah! Pourtant ils **avaient reçu** un plan de la ville.
– Eh oui, pourtant je **t'avais dit** de leur téléphoner!

2
Parce qu'elle **était déjà venue** ici avec sa classe
Parce que les élèves **avaient mis** de la moutarde dedans.
Parce qu'il **avait apporté** son appareil numérique.
Parce qu'elle **avait mangé** trop d'escargots.
Parce qu'ils **avaient passé** une nuit blanche dans l'auberge.
Parce que sa classe lui **avait acheté** un coq.

3
1. / e); 2. / d); 3. / a); 4. / f); 5. / c); 6. / b).

4
a) Je ne sais pas **ce que** je vais faire ce soir.
b) Dis-moi **ce qui** est typique de la région.
c) Montre-moi **ce que** tu as acheté.
d) Je ne comprends pas **ce qui** te dérange.
e) Il faut toujours lui dire **ce qu'**il doit faire.
f) Ils ne sont pas fatigués **ce qui** est normal pour des jeunes!
g) On ne sait pas **ce qu'**ils ont fait pendant la nuit.

5
L'Hôtel-Dieu était un hôpital dont on parle dans la leçon 2.
La classe visite la Bourgogne dont Mme Fritz a gardé un bon souvenir.
La prof a donné une liste dont les élèves ont besoin pour répondre aux questions.
Thomas a une corres dont il est amoureux.
Julia a acheté le portable dont elle rêvait depuis longtemps.

6
L'hôtel dans **lequel** nous avons dormi. L'église dans **laquelle** on voit la chouette. Les étagères sur **lesquelles** il y a des épices. L'appareil avec **lequel** il fait des photos. La raison pour **laquelle** je suis ici. Les jours pendant **lesquels** j'étais malade.

7
Le voyage **auquel** / La visite **à laquelle** / Les concerts **auxquels** / Les excursions **auxquelles** nous avons participé. Les choses **auxquelles** / Le cadeau **auquel** / La surprise **à laquelle** / Les moments **auxquels** je pense.

8
Les personnes **à qui** j'ai parlé. Le monsieur près **de qui** j'ai voyagé. Les gens chez **qui** j'ai habité. La fille à **qui** il écrit. Les amis à côté **de qui** j'habite.

9
a) jambon; b) plan; c) siècle; d) guide.

10 continuer ↔ **s'arrêter**; trouver qc ↔ **perdre**; arriver ↔ **partir**; recevoir un e-mail ↔ **envoyer**; poser une question ↔ **répondre**; pleurer ↔ **rigoler / sourire**.

11 1. / d); 2. / c); 3. / a); 4. / e); 5. / f); 6. / b).

12 **Mets** la farine dans un saladier. **Fais** un trou au centre. **Bats** les œufs. **Verse** les œufs sur la farine. **Ajoute** le lait, le sel et l'huile. **Mélange** le tout avec de l'eau. **Laisse reposer** la pâte deux heures. **Fais cuire** les crêpes dans une poêle. **Ajoute/Mets** du chocolat, du sucre ou de la confiture.

13 a) La moutarde de Dijon est très **forte**. b) Thomas a pris son appareil **numérique**. c) Le toit de l'Hôtel-Dieu est **gris** du côté rue.
d) L'Archéodrome est un site **préhistorique**. e) On a eu un programme très **lourd**. f) J'ai envoyé une carte **postale** à ma famille. f) On a passé une nuit **blanche**.

14 Ils ont passé une nuit **sans** dormir. Ils ont dû s'arrêter **pour** payer le péage. **Avant de** quitter la France, ils ont acheté des souvenirs. **Après** avoir mangé des sandwichs, ils ont visité un musée. Thomas avait fixé rendez-vous à Laure **avant de** venir ici. Pendant la visite, un élève a quitté le groupe **sans** faire de bruit.

15
1. Les élèves ont passé la première nuit à l'Hôtel de ville de Dijon. **– falsch**
2. Ils ont visité le centre-ville à pied. **– richtig**
3. Tous les élèves ont reçu un plan et une liste de questions. **– richtig**
4. Dans le car qui allait à Beaune, tout le monde dormait. **– falsch**
5. Au Moyen-Age, les gens et les lits étaient plus petits qu'aujourd'hui. **– richtig**
6. La corres de Thomas habite à Dijon et c'est là qu'ils se rencontrent. **– falsch**
7. A Chalon-sur-Saône, la classe visite le musée de la photo. **– richtig**
8. Les élèves ont acheté une chouette pour leur prof. **– falsch**

16 La visite du musée m'a beaucoup plu. La première nuit, nous n'avons pas beaucoup dormi. Dans le car, on s'est raconté tout ce qu'on avait fait en secret.
On a beaucoup marché dans Dijon et j'ai commencé à avoir mal aux pieds. Florian était paniqué parce qu'il avait oublié son sac à l'auberge. Par contre, Thomas était bien content d'avoir pu rencontrer sa copine, Laure. J'ai gardé un bon souvenir de ce séjour mais je ne mangerai plus jamais d'escargots!

17 Les **élèves** de la 8e B sont arrivés à Dijon **le 10** octobre après **15 heures** de route. Le premier soir, ils ont dîné avec des Français et ils **ont dû** manger des **escargots**. **Le lendemain**, ils ont visité la ville et comme tous les touristes, ils ont **caressé** la chouette et pris beaucoup de photos. Le 2e jour, ils sont allés à Beaune **en car** pour voir le célèbre Hôtel-Dieu, **construit** au Moyen-Age. Après ça, ils ont fait une **excursion** à Chalon, **au musée** de la photographie. Et **pendant** deux nuits, personne n'a **beaucoup dormi**. Mais ça ne fait rien quand on est jeune, on n'est **jamais fatigué**!

18 Übersetzungshilfe:

Die Jugendherbergen

Gründung
Die Idee der Jugendherbergen ist in Deutschland entstanden. Schon ab 1901 organisiert der Lehrer Herr Schirrmann Reisen mit seinen Schülern, die nichts anderes kennen als die graue Großstadt. Er beschließt, sie auf Wanderungen mitzunehmen, damit sie die Natur entdecken können. Und um alle diese Jugendlichen aus einfachen Verhältnissen unterbringen zu können, muss er in jedem besuchten Ort günstige Zimmer finden. Später verbreitet sich das Konzept der Jugendherbergen in ganz Europa und 1932 wird es sogar noch internationaler. Heute zählt man weltweit ca. 4426 Jugendherbergen in 60 Ländern, die jedes Jahr ungefähr 4 Millionen Personen aufnehmen. Die Mitglieder der Jugendherbergen können in tollen Orten wie Los Angeles, Dublin oder Tokyo zu einem günstigen (netten) Preis übernachten.

Die Prinzipien der Jugendherbergen
Jeder ist willkommen, jedoch gilt das Angebot vorwiegend den Jugendlichen, denen man Beispiele für Gemeinschaftsleben und Ethik zeigen möchte.
Es wird alles getan, um gute Beziehungen unter den Mitgliedern zu fördern.
Der Verband legt viel Wert auf den Umweltschutz.
Die Jugendherbergen sind ein gemeinnütziger Verband.

Bestimmungen (Regelungen) und angebotene Leistungen
Jungen und Mädchen werden in getrennten Schlafräumen untergebracht.
Auf Anfrage ist es in manchen Herbergen möglich, ein separates Zimmer oder einen gemischten Schlafraum zu reservieren.
Die Bettlaken werden gestellt.
Jeder bemüht sich, die Räume sauber zu halten.
Duschen und Waschbecken stehen in ausreichender Zahl zur Verfügung.
Verpflegung steht zur Verfügung. Außerdem kann man in einer komplett ausgestatteten Küche seine Mahlzeiten selbst zubereiten.
Die Sicherheit ist gewährleistet.

Staatsangehörigkeit des Gründers: **allemand**.
Sinn und Zweck der Reisen mit den Schülern: **faire des randonnées et découvrir la nature**.
Seit wann existieren weltweit Jugendherbergen: **depuis 1932**.
Anzahl der heutigen Jugendherbergen: **environ 4426**.
Wer darf in einer Jugendherbergen übernachten: **tout le monde mais surtout les jeunes**.
Zu welchem Preis: **pour un prix vraiment sympa**.
Wo ist man untergebracht: **dans des dortoirs non-mixtes**.
Wie kann man sich versorgen: **avec le service de restauration ou dans une cuisine équipée**.

LEKTION 3

1 drôlement; vraiment; normalement; heureusement; gratuitement; dernièrement; activement; prochainement; sûrement; seulement.

2 Grégoire parle **tristement** de sa vie. Le contrôleur regarde **bizarrement** Babaka. Nouria ne se sent pas **complètement** française. Nathan s'endort **régulièrement** en classe. Il s'entraîne **longuement** pour son numéro. Il se couche **rarement** tôt. Elle répond **directement** aux questions.

3 Nathan n'est pas un **bon** élève. Il a souvent des **mauvaises** notes.Tu danses **bien**. Mais David danse beaucoup **mieux** que toi. C'est une **bonne** actrice. Malheureusement elle joue souvent dans des **mauvais** films. Tu parles **bien** français! Merci, mais toi tu as de **meilleures** notes que moi. Ici, on trouve les **meilleurs** gâteaux.

4 Nathan rigole **moins souvent que** les autres. Il manque **plus souvent que** ses copains. Il apprend **aussi bien que** les autres. Il répond **le plus vite/ rapidement**. Mais il oublie **plus vite** ses leçons.

5 ici: **hier**; **là** ou **là-bas**: dort(hin); **demain**: morgen; souvent: **oft**; **trop**: zuviel; **déjà**: schon; tard: **spät**; longtemps: **lange**; **assez**: genug, ziemlich.

6 Normalement, je **me lève** à 7h. Mais demain, je ne dois pas **me lever** tôt! Les gens du cirque **s'entraînent** beaucoup. C'est toi qui **t'occupes** des animaux? Elle **ne se sent pas bien** aujourd'hui. Tu **te balades** souvent en ville? Nous **nous moquons** souvent des profs.

7 Elle **s'est mise** en colère. Après, elle **s'est excusée**. Nous **nous sommes endormis** très tard. Marc **s'est disputé** avec Léa. Elodie, tu **t'es bien amusée**? Vous **vous êtes baigné(e)s**? Je **me suis levé(e)** trop tard.

8 Elle **s'est baladée**. Ils **se sont retrouvés**. Nous **nous sommes baignés**. Il **s'est entraîné**. Elles **se sont cachées**.

9 Que fais-tu? Où est-elle née? Aime-t-il l'école? Quand arrive-t-il? A quelle heure commence-t-on? A-t-elle compris?

10 **collège:** la classe, le cours, le devoir, les élèves, l'emploi du temps, une matière, la note, la rentrée, redoubler
cirque: les animaux, applaudir, le clown, s'entraîner, le numéro du soir, le singe,
transport: un arrêt, le bus, le contrôleur, descendre, monter, un P.V., le ticket, voyager au noir

11 chaises; s'occuper; parapluie; rigoler; infirmerie; beur; étranger.

12 a) le bloc; b) le quart; c) la matière; d) la scène; e) le verlan.

13 L'école, ce n'est pas intéressant.
Je ne suis pas d'accord. – Tu as raison. – Je ne suis pas sûr(e).

On contrôle seulement les étrangers.
C'est dommage, mais … – Je m'en fous! – Je trouve ça normal.

Nadia ne veut plus nous parler.
C'est vraiment bête! – Il faut faire quelque chose! – Je ne sais plus quoi faire.

Je vais à une exposition au CDI. Vous venez avec moi?
D'accord! – Ça ne m'intéresse pas! – Dommage, (mais) je ne peux pas.

14
1. Nathan n'est pas un élève comme les autres. **– richtig**
2. Il change souvent d'école et de ville. **– richtig**
3. Sa journée finit à 16h30. **– falsch**
4. Il aime mieux le collège que sa vie au cirque. **– falsch**
5. Nouria est née en France. **– richtig**
6. Elle parle bien arabe. **– falsch**
7. On contrôle Babaka plus souvent que les autres. **– richtig**
8. Il n'a jamais de ticket. **– falsch**

15 Depuis la rentrée, je n'ai plus assez de temps pour moi. Je suis au collège toute la journée. J'ai même cours le samedi matin. Au collège, il faut courir partout. On change de salle toutes les heures. L'école, ça ne m'intéresse pas vraiment. J'aime mieux les jeux vidéo. Alors, c'est toujours le drame à la maison. Mes parents me répètent toujours la même chose: «Travaille»!
Je voudrais bien travailler. Mais je n'y arrive pas.

16 J'étais dans le bus **mercredi après-midi**. Je voulais aller **me promener**. A un arrêt, un contrôleur **est monté**, mais il n'a **même** pas regardé mon ticket. Il m'a **seulement** regardé avec un air bizarre. Et juste quand j'ai voulu **descendre**, il m'a demandé mon ticket. Seulement **à moi**, pas aux autres. Ou bien, on contrôle **tout le monde**, ou bien **personne**!

17 Übersetzungshilfe:

Collège – Gebrauchsanweisung

Der Aufenthaltsraum
Dieses Jahr hast du sicher ein großes Programm (vor dir) und wenig Zeit, um alles zu machen. Dann gehe eben jedes Mal in den Aufenthaltsraum, wenn du eine Freistunde zwischen zwei Unterrichtsstunden hast, oder dann, wenn einer deiner Lehrer wegen Krankheit ausfällt. Hier gibt es weder Lärm noch Chaos. Du kannst in aller Ruhe deine Hausaufgaben machen und deine Lektionen lernen. So wirst du dann zu Hause mehr Freizeit haben. Und falls du ein Problem hast, kannst du die Aufsichtspersonen fragen: Manche sind echt nett und wissen sehr viel.

Das CDI (Dokumentations- und Informationsstelle)
Hier wirst du alle nötigen Informationen für deine Hausaufgaben oder für deine Referate finden. Du kannst hier Magazine, Bücher, Broschüren anschauen, aber auch die Computer benutzen, um im Internet zu surfen. Außerdem vergiss nicht, dass die Dokumentalistin da ist, um dir zu helfen. Sie weiß alles, sogar wo sich die Artikel verstecken, die du (gerade) brauchst.

Die Schulkantine
Wenn du mittags nicht nach Hause gehen kannst, wirst du hier gar nicht so schlecht essen. Zum Beispiel Hamburger mit Kartoffelpüree, Spaghetti bolognese und ab und zu ein exotisches Gericht wie Couscous oder Paella. Und dann hast du noch die Wahl zwischen mehreren Vorspeisen und Nachtischen. Ehrlich gesagt, für den Preis schmeckt es besser als bei McDonald!

Die Turnhalle
Nach dem Prinzip „sich wohlfühlen an Körper und Kopf (gesund an Körper und Geist)“ denke daran, deine Muskeln während des Sportunterrichts zu benutzen. Sich zu bewegen ist ideal, um Stress zu vermindern, das Körpergleichgewicht zu entwickeln und sich in Form zu halten. Gehe möglichst oft dorthin und du wirst dich in deiner Haut wohler fühlen. Und … du wirst besser aussehen!

1. / d); 2. / a); 3. / c); 4. / b); 5. / d); 6. / b); 7. / a); 8. / c).

Plattform 1 (Lektion 1 – 3)

1 1. / c); 2. / e); 3. / a); 4. / g); 5. / h); 6. / i); 7. / b); 8. / f); 9. / d).

2 le **petit déjeuner**; le **singe**; le **parapluie**; le **coq**; l'**office de tourisme**; le **péage**; le/la **guide**; le **portable**; l'**anniversaire**.

3 a) canon; b) baraqué; c) timide; f) jeune.

4 triste ≠ **content/heureux**; normal ≠ **bizarre / fou**; difficile ≠ **facile**; court ≠ **long**; malheureux ≠ **heureux**; timide ≠ **cool / courageux**.

5 Quelle rue est la plus belle? Quelles discos sont les plus branchées? Quels sont les monuments les plus connus? Quel est le café le moins cher? Quel est le musée le plus intéressant?

6 A quelle heure est-ce que tu commences le lundi? Le lundi, je commence à 8h1/4. De quelle heure à quelle heure est-ce que tu as cours de dessin / d'anglais / d'allemand etc. ? De 11h20 à 12h15 le mercredi. Où est-ce que tu déjeunes? Moi, je mange à la cantine. Tu as combien d'heures d'anglais? Cette année, j'ai 4 heures d'anglais par semaine. Dans quelle salle est-ce que tu as (ton) cours de maths / de français / de technologie? Dans la salle 108. Quand / quels jours est-ce que tu es libre? Je suis libre le mercredi et le samedi après-midi.

7 Quel âge a-t-il? Que se passe-t-il? Où va-t-on ce soir? Que pense-t-elle? Comment s'appelle-t-elle?

8 «Je te demande pardon». Elle est **désolée**. «Je t'interdis de me parler comme ça!» Il / elle est **en colère**. «Je te trouve hyper cool et très mignonne». Il est **amoureux**. «Laurent ne me regarde même pas. Il flashe sur Charlotte! Elodie est **jalouse**. «Nathan, tu ne rigoles jamais. Pourquoi?» Tu es **triste/ malheureux**?

9 C'est le journal **dans lequel** les élèves ont noté leur séjour. La carte postale **que** Julia a envoyée, n'est pas arrivée. Nicéphore Niepce est l'homme **qui** a fait la première photo en 1816. Laurent, c'est le garçon **avec qui** Charlotte danse le plus. C'est aussi le garçon **dont** Elodie est amoureuse. Le café **où** elle a rendez-vous s'appelle l'Atlantique. Il y a beaucoup de numéros de cirque **auxquels** Nathan participe.

10 J'ai attendu **une demi-heure**. On a des vacances **un quart** de l'année. **Les trois quarts** des élèves n'aiment pas l'école. On a terminé **un cinquième** du programme. **La moitié** du temps, on écoute le prof. **Un samedi sur deux**, je n'ai pas cours.

11 Pour prendre le bus, tu **as besoin d'un ticket**. Pour faire un dessin, j'**ai besoin de crayons de couleur**. Nathan est fatigué, il **a besoin de vacances**. Pour faire ce gâteau, nous **avons besoin de chocolat**. Pour former un groupe de jazz, ils **ont besoin de musiciens**. Pour vous habituer à la France, vous **avez besoin de temps**. Pour son anniversaire, on **a besoin d'un cadeau**.

12 On peut entrer **gratuitement**. Il regarde Léa **amoureusement**. Il parle **calmement**. Il participe **activement** au cours. Elle répond **correctement**.

13 Je vais **moins souvent** au cinéma. Elle parle **assez bien** anglais. Il dort **trop peu**. J'habite ici depuis **plus longtemps** que toi. Mais tu connais la ville **aussi bien** que moi.

14 Elle est arrivée trop tard. Hier, j'ai dormi longtemps. Tu as beaucoup trop mangé / mangé beaucoup trop. Il est allé chez lui directement. Je n'ai pas encore trouvé.

15

	Passé composé	*Imparfait*	*Plus-que-parfait*
aller	je suis allé(e)	j'allais	j'étais allé(e)
faire	elle a fait	elle faisait	elle avait fait
penser	nous avons pensé	nous pensions	nous avions pensé
être	vous avez été	vous étiez	vous aviez été
descendre	ils sont descendus	ils descendaient	ils étaient descendus
se lever	tu t'es levé(e)	tu te levais	tu t'étais levé(e)

16 connaître: **il avait connu**; venir: **elle était venue**; prendre: **j'avais pris**; avoir: **ils avaient eu**; sortir: **nous étions sortis**; se moquer: **elles s'étaient moquées**.

17 La semaine dernière, j'**ai vécu** une histoire pas possible! Je **voulais** rentrer à Munich après un séjour à Strasbourg. Comme je **n'avais pas réservé** de place dans le train, j'**étais venu** une heure plus tôt pour acheter mon billet. Pendant le voyage, j'**ai d'abord écouté** de la musique, puis j'**ai mangé** mes sandwichs. Après j'**ai lu** un peu et je **me suis endormi**. Tout à coup, quelqu'un m'**a réveillé**. C'était le contrôleur qui **voulait** voir mon billet.
– «Pas de problème! Le voilà.»
– «Oui, mais ce billet n'est pas valable: il n'est pas composté.»
– «Mon Dieu, ce n'est pas possible!»
Malheureusement, c'**était** vrai, j'**avais oublié** de le composter. Pas de discussion: j'**ai dû** payer un gros PV. Quand je pense que je j'**avais passé** une heure dans la gare sans penser une minute qu'en France, il faut composter son billet! Une bonne (et chère!) leçon pour moi.

18 L'autre jour pendant le cours de français, j'étais tellement fatigué que je me suis endormi. J'ai rêvé que mes parents quittaient le cirque pour acheter une maison à Lyon. Enfin, je pouvais vivre comme les autres! Le soir, je ne devais plus travailler. J'avais le temps de faire mes devoirs. Les profs étaient contents parce que je travaillais mieux en classe. Et moi, j'étais heureux parce que j'avais maintenant des copains. Ah oui, c'était super, cette vie! Malheureusement, la prof m'a réveillé.

19 Nouria est née en France mais ses parents viennent d'Algérie. Elle ne sait pas si elle se sent vraiment complètement française. Elle parle mal l'arabe et elle n'a jamais été en Algérie. Elle est en colère parce que les Français la voient souvent comme une étrangère. Elle n'est pas sûre d'avoir les mêmes chances que ses copines françaises. A la maison, elle se dispute régulièrement avec sa famille, par exemple quand elle veut sortir comme les autres filles. Ce n'est pas simple de vivre entre deux cultures.

20 **1. Bild:** (Mes copines) Elodie et Charlotte ont passé leurs vacances à Fécamp. Un jour, sur la plage, elles ont rencontré Laurent et David. Laurent plaisait aux deux filles, mais Charlotte ne voulait pas le dire.

Bild 2: Plus tard, elles ont eu une invitation chez David. Là, Laurent a dansé toute la soirée avec Charlotte et n'a pas regardé Elodie.

Bild 3: Puis, le lendemain quand Elodie était seule sur la plage, Laurent l'a draguée. Il lui a dit qu'il la trouvait hyper cool. Elle pensait que c'était un baratineur.

Bild 4: Elodie a raconté ça à Charlotte mais Charlotte ne la croyait pas. Elle pensait qu'elle était jalouse. Plus tard quand elle a vu le SMS de Laurent, elle a compris son petit jeu.

Bild 5: Elodie est allée au rendez-vous mais elle a laissé le portable branché. Comme ca, Charlotte pouvait tout entendre.

LEKTION 4

1 chanter: **je chanterai**, **il chantera**; passer: **tu passeras**, **nous passerons**; jouer: **vous jouerez**, **ils joueront**; parler: **elle parlera**, **elles parleront**; sortir: **je sortirai**, **on sortira**; prendre: **nous prendrons**, **vous prendrez**; attendre: **j'attendrai**, **tu attendras**; finir: **il finira**, **ils finiront**.

2 ils **travailleront**; tu **prendras** le train; nous **partirons**; je **m'occuperai** de tout; elle **jouera** du saxo; vous **aimerez** le CD; ça **commencera**; ils **dormiront** bien.

3 avoir: **au-**; être: **se-**; aller: **i-**; faire: **fe-**; devoir: **dev-**; recevoir: **recev-**; savoir: **sau-**; voir: **ver-**; pouvoir: **pour-**; envoyer: **enver-**; pleuvoir: **pleuv-**; venir: **viend-**; falloir: **faud-**; vouloir: **voud-**.

4 répéter: **je répète**, **il répètera**; préférer: **je préfère**, **tu préfèreras**; appeler: **j'appelle**, **nous appellerons**; espérer: **j'espère**, **elle espèrera**; se lever: **je me lève**, **je me lèverai**; payer: **je paye** *oder* **je paie**, **nous payerons** *oder* **nous paierons**; se promener: **je me promène**, **on se promènera**.

5 D'abord, je **vais faire** mes devoirs, après je **sortirai**. D'abord, vous **allez passer** le bac, après **vous irez** dans une école de musique. D'abord, tu **vas écrire** au directeur, et puis tu **l'appelleras**. D'abord, nous **allons nous entraîner** encore un peu, et puis nous **pourrons** passer à la télé. D'abord, elle **va arrêter** l'école, puis elle **prendra** des cours de chant. D'abord, ils **vont préparer** une vidéo, ensuite ils l'**enverront** à Nice Music.

6 … Samira **sera** une star. Bruno **pourra** s'occuper du groupe. Jérémie **aura** 26 ans. Ils **donneront** des concerts. Le groupe **fera** des tournées. Ils **iront** partout dans le monde. On **parlera** d'eux dans les médias. On **verra** leurs affiches partout. Ils **seront** riches et célèbres. Et moi, je **saurai** tout sur eux.

7 …, mais un jour il **jouera** dans le club de rugby. …, mais un jour elle **chantera** à la Star-Académie. …, mais un jour ils **vivront** à Paris ou à New-York. …, mais un jour on les **connaîtra** partout. …, mais un jour ils **auront** des millions.

8 C'est lui qui travaille le plus. Mais c'est elles qui ont plus d'argent. C'est cette vidéo qui va changer leur vie. C'est l'émission Star-Académie qui connaît le plus grand succès. C'est toi qui es la plus jeune, Samira?

9 1. / e); 2. / f); 3. / a); 4. / b); 5. / d); 6. / c)

10 C'est pour lui (pour son frère) qu'elle a acheté ce CD. C'est au collège qu'ils se sont rencontrés. C'est le livre que Patrick m'a donné. C'est ce concert qu'on veut voir.

11 1 / f oder c; 2 / d; 3 / a; 4 / e; 5 / c; 6 / b.

12 le groupe, la chanteuse, la guitare, le batteur, le saxophone, le succès, la répétition, le contrat, le studio, le concert.

13 **Samira:** Elle s'appelle Samira mais on l'appelle Saxo. Elle a 15 ans. Elle joue du saxophone. Après le bac, elle prendra des cours dans une école de jazz. Elle rêve de jouer dans un groupe de jazz.

Elodie: Elle est chanteuse dans le groupe des Nice & Forts. Quand elle aura le bac l'année prochaine, elle arrêtera l'école et entrera à la Star-Académie. Elle rêve d'avoir (ou de chanter) le premier rôle dans une comédie musicale.

Bruno: Il a appris à jouer de la guitare dans une école de musique. Quand il aura plus d'argent, il s'occupera des affaires du groupe.

Jérémie: Il est batteur. Il habite à Nice. Son rêve, c'est de jouer au rugby.

14 Tu es **fou**! C'est **bizarre**. J'en parle aux **copains/amis**. Il y a un **problème**. L'**homme** / Le **monsieur** de Nice Music. J'aime bien tes **vêtements**. **Oui, oui.** C'est d'**accord**.

15

1. Les Nice & Forts ont d'abord joué au collège ou chez des copains. **– richtig**
2. Jérémie et Samira sont arrivés plus tard dans le groupe. **– richtig**
3. Le directeur de Nice Music a découvert le groupe sur la plage. **– falsch**
4. Il pense que le groupe n'est pas encore assez bon. **– richtig**
5. Le groupe passe à la télé samedi prochain. **– falsch**
6. Le groupe a déjà un studio pour enregistrer. **– falsch**
7. Ils chantent des textes engagés sur une musique rebelle. **– richtig**
8. C'est Jérémie qui s'occupe des affaires du groupe. **– falsch**

16 1. Actuellement, je suis en 3e. Dans trois ans, je passerai le bac. 2. C'est à l'école de musique qu'il a appris à jouer de la guitare. 3. Ils sont vraiment bons, c'est vrai, mais il faudra qu'ils s'entraînent encore un peu. 4. Assieds-toi, j'ai une grande nouvelle! Marc Carrère vient de nous proposer un contrat! 5. C'est génial! J'hallucine! Tu imagines la tête de nos parents. 6. Alors moi, c'est sûr: après le bac, j'arrête l'école et je vais vivre de ma musique.

17 Je **trouve que** les Nice & Forts ont beaucoup de **chance**. Imagine-toi leur situation: 4 **élèves** de collège, tous **fous** de musique. Ils **se rencontrent** un jour et décident de former un groupe. Ils s'amusent bien **pendant** les répétitions et les concerts pour leurs copains. Et puis, **la plus jeune** du groupe a l'idée **d'écrire** au directeur de France 3. Très vite, il envoie une **équipe** pour les filmer. Après ça, Samira **envoie** la vidéo à Nice Music. Et ça marche! Le directeur les trouve vraiment **bons** et dit qu'ils **pourront** bientôt faire un CD. C'est fou, non? Quand je pense à tous les jeunes qui **rêvent** de connaître le **succès** et qui n'**auront** jamais une occasion comme ça!

18 Übersetzungshilfe:

Die Entwicklungsphasen/Etappen der TV-Reality

An American family life
Alles hat 1973 in den USA begonnen mit der Sendung *An American family life*. Darin zeigte man in Dokumentarform den Alltag einer kalifornischen Familie. Die Figuren waren weder Schauspieler noch bekannt, aber das Publikum verfolgte ihre Abenteuer mit großem Interesse.

The real world
Danach hat man 1992 entschieden, die Leute (Figuren) an einen neuen Ort zu bringen, wo sie wochenlang eingesperrt wurden. Alle ihre Reaktionen sind in der Serie *The real world* aufgezeichnet und gezeigt worden.

Expedition Robinson
Dann hat man die Teilnehmer in dramatische Situationen versetzt. Sie mussten nun Herausforderungen annehmen und der oder die Finalist(in) gewann viel Geld. Dies war z. B. der Fall in (der Serie) *Expedition Robinson* im Jahr 1997.

Big brother
1999 mit *Big brother* spielen neue Aspekte eine wichtige Rolle: die Live-Übertragung und die Interaktivität. Eine Live-Übertragung heißt, dass Kameras rund um die Uhr (alle) Handlungen, Gesten und Reaktionen einer Gruppe von Jugendlichen verfolgen. Sie haben freiwillig akzeptiert, eingesperrt zu werden, und ungefähr drei Monate zusammen zu leben. Auch die Zuschauer sind jetzt aktiv: sie dürfen beliebig den oder die Teilnehmer(in) ausschließen. Die Sendung ist ein enormer Erfolg. Sie wird von zahlreichen europäischen Kanälen übernommen. In Frankreich unter dem Namen *Loft story* oder *Aventures sur le Net*.

Popstars
Diese Sendung vom französischen Fernsehsender M6 zeigt die Auswahl, die Ausbildung und das Herausbringen einer Musikband. Auch hier nimmt das Publikum an der Wahl der besten Talente teil.

Star-Academy
Dieses Programm (diese Serie) basiert auf den gleichen Prinzipien wie *Popstars*. Zahlreiche Jugendliche bewerben sich, in der Hoffnung ins Fernsehen zu kommen und berühmt zu werden. Sie träumen alle von einer Karriere im Show-business. Aber die Zahlen zeigen, dass die Chance (die Möglichkeit) dank dieser Art Sendung berühmt zu werden, bei 1 zu 30 Millionen steht, das heißt, geringer als beim Lotto zu gewinnen.

a) En 1973, aux Etats-Unis.
b) des personnes «normales», ni acteurs, ni connus.
c) A partir de 1997.
d) Trois mois environ.
e) Le public peut éliminer des candidats.
f) La musique.
g) De passer à la télé et de devenir célèbres.

LEKTION 5

1 Il **a dit** que c'**était** possible. Elle **a dit** qu'elle **avait eu** un accident. Ils **ont annoncé** qu'ils **allaient venir**. Elle **a demandé** si tu **avais fini**. Il **a dit** qu'il **allait changer** d'école.

2 *(Présent)* **Elle dit** qu'**il n'est jamais** là / qu'**elle a** un problème / qu'**elle a oublié** son sac de sport chez lui / qu'**elle** en **a** besoin pour demain / **Elle demande** si **elle peut** venir / **Elle dit** qu'**elle va** passer vers 6h.

(Passé composé) **Elle a dit** qu'**il** n'**était** jamais là / qu'**elle avait** un problème / qu'**elle avait oublié** son sac de sport chez lui / qu'**elle** en **avait** besoin pour demain / **Elle a demandé** si **elle pouvait** venir / **Elle a dit** qu'**elle allait** passer vers 6h.

3 Oui, on m'a dit **qu'on** n'**avait** pas cours; Oui, elle m'a annoncé **qu'elle voulait** arrêter de fumer; Il m'a demandé **si** j'**avais lu** cette BD; Il m'a dit **qu'on allait** (*oder* **qu'ils allaient**) jouer au foot ce soir; Oui, tu m'as déjà dit **que tu allais** en Bretagne avec **tes** parents; Elle m'a annoncé **qu'elle avait** un cadeau pour **moi** et que ça **allait** sûrement **me** plaire.

4 Tous les élèves **se plaignent**; Je **te rejoins**; Vous **éteignez**; Nous le **craignons**; elle **a peint**; Tu n'**as pas éteint**; Vous nous **rejoignez**.

5 Je l'ai rencontré **récemment**; Elle s'habille **élégammant**; Il parle anglais **couramment**; Ils vont **fréquemment** en Bretagne; Il y a **constamment** des contrôles; Tu as répondu **patiemment**; Elle est jalouse **évidemment**.

6 chanter **juste/faux**; sentir **bon/mauvais**; parler **bas/fort**; payer/coûter **cher**.

7 Parle plus bas s'il te plaît. Ça a couté cher. Tu sens bon! Je ne chante pas juste.Il parle toujours fort. Elle a travaillé dur.

8 poser une question: **eine Frage stellen**; **raconter**: erzählen; **expliquer**: erklären; annoncer: **ankündigen**; avouer: **zugeben/gestehen**; **ajouter**: hinzufügen; répondre: **antworten**; **demander**: fragen; vouloir savoir: **wissen wollen**.

9 **Stamm:** regarder; raconter; répondre; rester; rencontrer; rouler; ramasser. **Wiederholung:** relire; revenir; repartir; retrouver; revoir.

10 impossible; incorrect; injuste; inconnu; inégal; inexact; immoral.

11 le fonctionnement: **fonctionner / das Funktionieren**; la fabrication: **fabriquer / die Herstellung, die Fabrikation**; le changement: **changer / der Wechsel, die Änderung**; un argument: **argumenter / das Argument**;

une interdiction: **interdire / das Verbot**; la préparation: **préparer/ die Vorbereitung**; le déménagement: **déménager / der Umzug**; une installation: **installer / die Installation, Einrichtung**; une discussion: **discuter / die Diskussion**.

12 **un jour**: eines Tages; Il y a longtemps: **vor langer Zeit**; **au début**: am Anfang; pourtant: **trotzdem/dennoch**; ensuite: **danach**; **avant**: vorher, früher; **à la fin**: am Ende; comme: **da** (Kausal); et puis: **und dann**; car: **denn**; **parce que**: weil; **finalement**: zum Schluss, schließlich

13 **Avant / Au début**, je n'aimais pas lire. **Et puis**, j'ai découvert les romans policiers. Moi, je préfère regarder des DVD **parce que / car** ça va vite. **Comme** il n'y a rien à la télé, je vais lire. Les jeunes n'aiment pas lire **pourtant** ils lisent beaucoup sur Internet. J'ai lu ce livre **il y a longtemps / un jour** quand j'avais 8 ou 9 ans. Je n'aime pas cette histoire car **finalement / à la fin** on ne sait pas qui a tué la fée.

14
1. Antonin est très content de passer le week-end en Bretagne avec ses parents. **– falsch**
2. Ses parents sont propriétaires d'un magasin. **– richtig**
3. Il faisait très beau le jour où il a fait un tour en vélo. **– falsch**
4. Il est tombé parce qu'il y avait un gros livre sur la route. **– richtig**
5. Après ça, il a vraiment rencontré une fée et des lutins. **– falsch**
6. Petit-Pierre ne veut pas que des copains entrent chez lui. **– richtig**
7. Un jour, il est arrivé avec des bleus partout parce que quelqu'un l'avait frappé. **– richtig**
8. Anne connaît le secret de sa mère depuis qu'elle a 6 ans. **– richtig**

15 1. Ma mère m'a annoncé qu'elle m'avait acheté un livre génial. 2. Moi, j'ai horreur de lire: ça me donne mal à la tête! 3. Ecoute, tu n'es jamais content. Tu te plains toujours. J'en ai marre à la fin! 4. J'ai vu un super DVD. L'histoire se passe sur une île avec des monstres horribles et des chevaliers modernes. 5. Eteins ta cigarette! Tu sais bien qu'il est interdit de fumer ici! 6. Dans la rue, un homme m'a demandé si je parlais français. J'ai eu peur et j'ai répondu que non.

16 Pierre est un garçon **bizarre**. Il n'**a pas d'**amis et il a souvent l'**air** malheureux. **Récemment**, il est arrivé avec des **bleus** partout. Les autres **se sont moqués** de lui. Mais moi, j'ai compris qu'il **avait** de gros problèmes à la maison. C'est un enfant **adopté**, son faux père le **frappe** souvent. Alors, je lui ai parlé **pendant** la récré. Je **lui** ai dit que je **voulais** être son ami pour l'aider un peu. Il m'a **regardé tristement** et il m'a dit que personne ne **pouvait** l'aider.

17 Übersetzungshilfe:

Eltern–Kinder, der ewige Konflikt

Der Konflikt Eltern–Kinder ist bei weitem nicht neu. Schon in der Bibel und bei den antiken Autoren spricht man davon. Aber heute geht alles viel schneller, so dass alle, Eltern wie Kinder, Schwierigkeiten haben sich zu orientieren. Auf Teenager-Seite stellt man fest, dass die heutigen Jugendlichen viel früher unabhängig vom elterlichen Bestimmungsrecht sein wollen. Und in der Tat haben sie nun dank Handy und eigenem Bankkonto die Mittel, ihr Leben selbst zu gestalten. Dadurch wird der Begriff der elterlichen Autorität in Frage gestellt. Von Seite der Eltern ist es an der Zeit miteinander zu reden, sei es mit Erklärungen, Ratschlägen und Verhandlungen: Keine Entscheidung wird getroffen, ohne das Kind nach seiner Meinung zu fragen. Auf dieselbe Art und Weise werden alle Themen diskutiert, die für das Leben des Kindes wichtig sind. Z. B. die Schulnoten (-ergebnisse) (96%), die verbrachte Zeit bei den Hausaufgaben (90%) oder vor dem Fernseher (82%). Dies gilt auch für die Gestaltung der Ferien und Freizeit (82%), das Ausgehen mit den Freunden (77%), die Auswahl der Mahlzeiten (77%), das Mithelfen im Haushalt (77%), die Bettzeit (74%), die Bekleidung (71%), die Wahl der Freunde (66%) und das Taschengeld (66%). Logischerweise nehmen die Konfliktquellen mit dem Alter des Kindes zu. Das Problem mit der Disziplin wird dann zum Dilemma: Wie soll man sein? Streng oder nachsichtig, hart oder sanft, autoritär oder antiautoritär? Die Eltern und die Kinder führen praktisch einen Krieg: Jeder denkt, einer muss verlieren. Aber auch wenn sie sich über Regelungen und Einschränkungen beklagen, fühlen sich die Teenies geborgen, wenn sie wissen, was ihre Eltern erlauben oder nicht. Und komischerweise bleiben sie viel länger bei ihren Eltern als frühere Generationen.

1. Der Generationskonflikt ist ein uraltes Problem. – **richtig**
2. Die Kinder wollen heute schneller unabhängig sein. – **richtig**
3. Deshalb verlassen sie sehr früh das Elternhaus. – **falsch**
4. Die Eltern unterhalten sich sehr viel mit ihren Kindern. – **richtig**
5. Die meist diskutierte Sache betrifft die Hausaufgaben. – **falsch**
6. Je älter das Kind desto größer die Konfliktquellen. – **richtig**
7. Es herrscht eine Art Krieg zwischen Eltern und Kindern. – **richtig**
8. Die Kinder akzeptieren die Regeln der Eltern ohne Klage. – **falsch**
9. Grenzen zu spüren, bringt den Teenies ein Sicherheitsgefühl. – **richtig**

Plattform 2 (Lektion 4 – 5)

1 … c'est toi qui **viendras**; on **pourra**; on **prendra**; on **ira**; on **fera**; on **jouera**; je te **montrerai**; il y **aura**; tu **voudras**; j'**achèterai**; Bruno et Elo **seront** là; nous **passerons**.

2 D'abord, je **vais chercher** son adresse après, je lui **écrirai**.
D'abord, tu **vas ranger** ta chambre après, tu **joueras**.
D'abord, elle **va passer** le bac après, elle **arrêtera** l'école.
D'abord, ils **vont faire** du volley après, il **se baigneront**.
D'abord, nous **allons répéter** après, nous **enregistrerons** la nouvelle chanson.

3 Je **meurs** de faim! Ce chanteur **est mort**; Je te **suis**; Entrez et **asseyez-vous**; Les jeunes **suivent** la mode; Il **a suivi** des cours; le groupe **meurt** de peur; Il **s'est assis**.

4 Tu t'appelles comment?
Tu as quel âge?
Où est-ce que tu habites?
Qu'est-ce que tu fais (comme métier *oder* dans la vie)?
Quand est-ce que tu as commencé avec les Nice & Forts?
Qu'est-ce que c'est ton rêve (*oder* Qu'est-ce que tu voudrais faire plus tard)?

5 a) génial ↔ bête; gentil ↔ méchant; jeune ↔ vieux; riche ↔ pauvre; mince ↔ gros; calme ↔ nerveux.
b) la femme ↔ l'**homme** ou le **mari**; la fille ↔ le **fils** ou le **garçon**; l'**arrivée** ↔ le départ; le **début** ↔ la fin; la sœur ↔ le **frère**; la vie ↔ la **mort**.

6 Lektion 4: a) Bruno; b) Jérémie et Samira; c) Jérémie; d) Samira; e) Jérémie.
Lektion 5: f) les parents d'Antonin; g) la fée Morgane; h) les lutins; i) le Grand Thon.

7 **C'est elle qui** est dans ma classe. **C'est toi qui** as eu raison. **C'est avec lui qu'**elle est venue. **C'est à Nice qu'**ils jouent samedi. **C'est à lui que** je veux parler. **C'est moi qui** vous ai écrit.

8 Quand il s'est réveillé, Antonin a demandé où il était. Il a dit qu'il ne voyait plus rien. La fée Morgane lui a dit qu'elle l'attendait depuis longtemps et qu'ils avaient besoin de lui parce que le Grand Thon avait déclaré la guerre à leur île. Antonin a demandé de quelle guerre elle parlait. Il a dit qu'il ne comprenait rien. Alors la fée a répondu qu'elle allait tout lui expliquer.

9

1. / c) Un journaliste a écrit un reportage sur le groupe.
2. / i) Une équipe de France 3 a filmé une de leurs répétitions.
3. / e) Les N & F enregistrent leur premier CD.
4. / a) Le mercredi, l'émission va passer à la télé.
5. / h) Le journal Nice-Matin a fait une interview avec Samira.
6. / b) Les N & F rêvent de vivre de leur musique.
7. / f) Le 14 juillet, ils donneront un concert sur la plage.
8. /g) Le 25 juillet, ils joueront pour des enfants malades.
9. / d) Bientôt ils signeront un contrat avec Nice Music.

10

annoncer: **une annonce**; arrêter: **un arrêt**; **aimer**: un amour; **conduire**: un conducteur; boire: **une boisson**; deviner: **une devinette**; découvrir: **une découverte**; **lire**: une lecture; **partir**: un départ; contrôler : **un contrôleur**; répondre: **une réponse**; **suivre**: une suite; se marier: **un mariage**; jouer: **un jeu**.

11

un porte-bonheur: Glücksbringer; **un porte-documents**: Aktentasche; **un porte-clés**: Schlüsselring; **un porte-avions**: Flugzeugträger; **un porte-monnaie**: Geldbeutel; **un porte-bagages**: Gepäckträger; **un porte-parole**: (offizieller) Sprecher

12

Le type de Nice Music nous propose un contrat: J'hallucine!
On a vendu 1000 CD: C'est dingue!
Tu sors toujours avec Julien?: Ça te regarde pas!
Jérémie veut arrêter de jouer avec nous: Là, on a un blème!
Le groupe Mixtur a plus de succès que nous: Je m'en fous!

13

1. Un jour, j'ai participé à la sélection des candidats de Star-Academy. 2. Pour ça, j'avais répété pendant des mois. 3. Et maintenant, même ma prof de chant trouvait que j'avais un bon niveau. 4. Pourtant, j'avais un trac énorme pendant que les autres passaient. 5. Tout à coup, on m'a appelé: c'était mon tour. 6. Au début, je ne pouvais même pas sortir une note. L'horreur! 7. Et puis, j'ai pris mon courage à deux mains et j'ai chanté comme un dieu! 8. Mais finalement, c'est un autre mec, moins bon que moi, que le jury a choisi. 9. Alors maintenant, je ne veux plus entendre parler du show-business!

14 Grâce à vous, chers fans, nous avons eu beaucoup de succès ces derniers mois. Merci d'aimer nos textes et notre musique. Après des débuts difficiles, nous avons maintenant trouvé un beau studio et enregistré deux CD. Et nous sommes passés trois fois à la télé. Maintenant, tout le monde nous connaît. Nos projets? Continuer à donner des concerts partout dans le monde et écrire de nouvelles chansons engagées. Comme Jérémie veut arrêter, nous avons besoin d'un nouveau batteur. Ecrivez-nous, si vous êtes intéressés.

15 Les parents d'Antonin ne veulent pas qu'il passe le week-end seul à la maison. Ils craignent qu'il reste assis devant l'ordinateur pendant des heures. Alors/C'est pourquoi ils organisent souvent des petits voyages pour lui dans des lieux inconnus. Ils appellent ça «découvrir le monde». Avant, ils lisent beaucoup de guides de voyages et choisissent des points intéressants. Mais Antonin a horreur de ces projets. Il déteste la nature surtout dans le vent et sous la pluie. Et il trouve que la culture, c'est nul et inutile. Il se plaint chaque fois.

16 Lösungsvorschläge:

Bild 1: (2. Bild) «Vous ne devinerez jamais ce qui est arrivé à Antonin! Samedi dernier, il était sur l'île de Groix avec ses parents. Pour lui, c'était l'horreur. Heureusement, il avait pris son vélo. Alors dans la journée, il a roulé longtemps pour être libre.»

Bild 2: (5. Bild) «Comme il pleuvait, il ne voyait rien avec ses lunettes. Et puis, dans un virage, il est tombé parce qu'il y avait un livre sur le chemin.»

Bild 3: (1. Bild) «Tout à coup, il a entendu des voix bizarres. Après un moment, il a vu deux lutins sortir du livre et il a eu très peur. Il avait aussi très mal à la tête et bientôt, il ne pouvait plus ouvrir les yeux.»

Bild 4: (4. Bild) «Et puis, il s'est retrouvé dans un autre monde où tout était noir. Là, tout à coup, il a vu une fée très belle. Elle lui a dit qu'il était un chevalier et qu'elle avait besoin de son aide.»

Bild 5: (6. Bild) «La fée lui a expliqué qu'il y avait une guerre entre les lutins et l'armée du Grand Thon. D'une seconde à l'autre, Antonin s'est retrouvé sur un cheval pour se battre contre les méchants thons.»

Bild 6: (3. Bild) «Après ça, il s'est réveillé. Il a retrouvé le livre devant lui. Ce livre racontait une histoire de guerre sur une île. Il a beaucoup ri quand il a compris qu'il avait rêvé tout ça!»

Modul 1

1 avoir: **au-**; être: **se-**; faire: **fe-**; devoir: **dev-**; pouvoir: **pour-**; vouloir: **voud-**; aller: **i-**; voir: **ver-**; venir: **viend-**; recevoir: **recev-**; falloir: **faud-**; envoyer: **enver-**; savoir: **sau-**.

2 Tu devrais lui téléphoner. **(Ratschlag)**; J'aimerais être musicien. **(Wunsch)**; Moi, à ta place, je lui parlerais. **(Ratschlag)**; De là-haut, on verrait bien la scène. **(Vermutung)**; Je pourrais utiliser ton portable? **(höfliche Bitte)**; On pourrait faire du camping. **(Möglichkeit)**

3 Dans mon monde idéal, je **serais** une personne importante. … j'**aurais** une belle voiture. … je **n'irais plus** au collège car je **saurais** déjà tout! … je **ferais** seulement les choses qui me plaisent. Par exemple, je **jouerais** dans des films. Ou alors je **chanterais** dans un groupe. Tout le monde **m'aimerait** et me **trouverait** super! Ce **serait** génial!

4 1. / g); 2. / d); 3. / f); 4. / a); 5. / c); 6. / b); 7. / e).

5 Si elle a assez d'argent, elle **viendra** avec nous. Si tu arrêtes l'école maintenant, tu le **regretteras**. S'il prend ce train, il **arrivera** vers 15h. Si j'ai des problèmes, mes parents **m'aideront**. Si c'est grave, il **faudra** appeler les pompiers. Si vous faites encore les idiots, vous ne **sortirez** pas ce soir. S'il veut réussir, il **devra** travailler plus!

6 S'il y **avait** le feu chez moi, je **sauverais** d'abord mon chat. S'il **faisait** moins chaud, les élèves **écouteraient** mieux le prof. Si le pompier **était** un homme, Jonathan **serait** moins intéressé! Si vous **parliez** plus fort, on vous **comprendrait** mieux. S'il **t'aimait** vraiment, il **ne regarderait pas** les autres filles!

7 Et si on mangeait une pizza? Et si on allait au cinéma? Et si on restait à la maison ce soir? (Et) si on regardait un DVD? Si on allait en disco?

8 **Si** tu vois Carole, dis-lui de m'appeler. **Quand** elle va en disco, elle s'habille toujours bien. **Quand** vous serez vous-mêmes parents, vous comprendrez. **S'**il pleut, l'incendie s'arrêtera. **Quand** on la critique, elle commence toujours à pleurer. **S'**ils boivent comme ça, ils ne pourront pas conduire.

9 a) à la plage; b) dans la salle de classe; c) dans le Var; d) dans un camping-car; e) dans la forêt; f) en prison; g) dans la mer.

10 un incendie; un pompier; un feu; les flammes; la forêt; le vent; un blessé; un Canadair.

11 a) 1. / d) Les flammes faisaient 20 m de haut.
2. / f) Le feu avançait à plus de 3 km/h.
3. / e) Le vent était très fort.
4. / a) L'herbe, les arbres étaient complètement secs.
5. / c) Il n'avait pas plu depuis plusieurs mois.
6. / b) Les Canadairs ont pris l'eau dans la mer à 60 km de là.
b) 1. / b) A Brignoles, le feu a détruit un terrain de camping.
2. / d) Les pompiers ont perdu un de leurs camions.
3. / e) Un garçon a sauvé deux enfants enfermés.
4. / f) Le Var a perdu 10 000 hectares de forêt en trois jours.
5. / c) L'incendie a fait plus de 30 blessés.
6. / a) Un arbre qui meurt, c'est une vie qui s'en va.

12 Un garçon a **ouvert** la porte du camping-car. L'incendie a **commencé** à côté du camping. A **minuit**, tout le monde **dormait**. Les pompiers ont **éteint** le feu. Les flammes ont **détruit** 15 maisons. Quelqu'un a **crié** «Au feu!» Le vent **est tombé** le matin.

13 Cette histoire se passe **fin juin, le 23 juin** exactement. **Vers minuit**, le feu est arrivé au camping. Les pompiers se sont battus **toute la nuit. Au dernier moment**, on a sauvé deux enfants. C'est **chaque année** la même chose. La région est très sèche **en été**. 10 000 hectares perdus **en trois jours**. La pluie a commencé **tôt dans l'après-midi** (*oder* **au début de l'après-midi**).

14 Elle joue dans des films: **l'actrice**. Il fait des reportages: **le journaliste**. Ils éteignent les incendies: **les pompiers**. Elle donne des cours: **la professeure**. Il travaille dans un restaurant: **le cuisinier** (*oder* **le garçon**). Elles travaillent dans un grand magasin: **les vendeuses**. Il s'occupe des malades: **le docteur (le médecin)**. Ils mettent les voleurs en prison: **les gendarmes**. Il s'occupe de mécanique: **le mécanicien**.

15
1. Comme il fait très chaud, les élèves du collège de Brignoles n'ont plus envie de travailler. – **richtig**
2. Jonathan aimerait être à la piscine. – **falsch**
3. Les élèves sont surpris parce que le pompier est une femme. – **richtig**
4. Les pompiers ont pu éviter que le terrain de camping de Brignoles brûle complètement. – **falsch**
5. Par chance, l'incendie n'a pas détruit de maisons. – **falsch**
6. C'est un garçon qui a sauvé les deux enfants enfermés dans le camping-car. – **richtig**

7. Quand il y a un grand incendie les pompiers prennent l'eau dans les piscines. – **falsch**
8. Elodie pense que Jonathan est amoureux de Delphine, la femme pompier. – **richtig**

16 1. Dans le Midi, il ne pleut pas beaucoup, alors en été, tout est très sec. 2. Malheureusement, il y a des incendies de forêts chaque année. 3. Pourtant il est interdit de faire du feu dans la forêt et même dans son jardin. 4. Mais les gens ne font pas toujours attention. Et puis, il y a des fous ou des criminels qui mettent le feu volontairement. 5. Il faudrait plus de contrôles pour éviter ces catastrophes. 6. Un jour, il n'y aura plus d'arbres dans cette belle région. 7. Déjà maintenant, le feu a détruit des milliers d'hectares et la région a beaucoup changé. C'est triste.

17 Moi aussi, j'**habite** dans le Var, mais plus **près de** la mer. La plage est **à quinze** km de chez nous. Notre région est une des **plus belles** de France. Il y a des **arbres** typiques **comme**, par exemple, les pins parasol et les mimosas. Mais je me **demande** combien de **temps** encore, on **aura** cette belle nature **devant** nos yeux. Année **après** année, des milliers d'hectares **brûlent**. L'année **dernière**, le feu est arrivé de tous **les côtés** en même temps. On a dû **quitter** notre maison et tout laisser **derrière** nous. Je n'ai **rien pris** sauf mes enfants, les **chats** et un petit sac avec le minimum. J'**étais** très triste mais le plus **important**, c'est de **sauver** sa vie.

18 Übersetzungshilfe:

Jungen oder Mädchen: einen Beruf wählen.

2004 haben 68 % der Mädchen das Abitur bestanden gegenüber 56 % der Jungen. Global gesehen, schaffen die Mädchen die Prüfungen erfolgreicher als die Jungen. Und dies gilt für alle Prüfungsstufen. Dennoch wählen die meisten Mädchen typisch weibliche Ausbildungen/Studiengänge, wie z. B. Lehramt, Verkauf, Schönheitspflege, Sozialpädagogik, Krankenpflege oder Sekretärin. Hingegen bleiben viele Bereiche in den Händen von Männern. Dies gilt für Wissenschaft, Industrie, Mechanik, Baugewerbe, Ingenieurbranche oder traditionellerweise männliche Berufe wie Bäcker, Koch, Fahrer usw. Ein einziger Beruf bleibt den Frauen noch verschlossen, in einem U-Boot zu arbeiten.
Heutzutage gibt es 255 Berufe und in 167 davon findet man nur 10 % Mädchen. Wie lassen sich diese Zahlen erklären? Diese Berufsentscheidungen basieren nicht immer auf den Kompetenzen der Schüler(innen). Auch wenn sie gut in Mathe sind, ziehen die Mädchen geisteswissenschaftliche Fachrichtungen vor, und Jungen, die sprachbegabt sind, entscheiden sich trotzdem für naturwissenschaftliche Fächer.

Warum?
Wohl deshalb, weil die Jugendlichen von den Beispielen beeinflusst werden, die sie in ihrem Umfeld haben. Um sich ihre Berufszukunft vorzustellen, brauchen sie Vorbilder. Sie schauen darauf, welche Berufe von Männern und Frauen ausgeübt werden, die sie kennen. Und man muss zugeben, dass sie dabei wenig originelle Vorbilder haben wie z. B. Männer, die Sekretäre oder Kindergärtner sind, oder Frauen, die Informatikerinnen, Zugführerinnen, Geschäftsführerinnen oder Mechanikerinnen sind. Deshalb übernehmen sie einfach die vorhandenen Schemen, ohne neue Möglichkeiten zu suchen.
Es wäre Zeit, dass die Mentalitäten sich ändern und dass Mädchen Fachrichtungen wählen, die bis jetzt den Männern vorbehalten waren. Denn es ist für die Gesellschaft von Vorteil, eine gute Mischung von Männern und Frauen in jeder Branche und in jeder Stellung zu haben.

1. Mädchen schneiden besser bei Prüfungen ab. – **richtig**
2. Viele Mädchen wählen naturwissenschaftliche Fächer. – **falsch**
3. In 167 Berufen findet man nur 10 % Mädchen. – **richtig**
4. Es gibt einen einzigen Beruf, der Frauen ausschließt. – **richtig**
5. Medien liefern die Vorbilder für die Berufswahl. – **falsch**
6. Menschen mit ausgefallenen Berufen sind Vorbild. – **falsch**
7. Jungen entscheiden sich für „männliche“ Berufe. – **richtig**

Modul 2

1 ils cherchent / que tu **cherches** / que vous **cherchiez**; ils finissent / que nous **finissions** / qu'elle **finisse**; ils disent / que je **dise** / que nous **disions**; ils mettent / qu'elle **mette** / que tu **mettes**; ils connaissent / que nous **connaissions** / qu'ils **connaissent**; ils dorment / qu'il **dorme** / que vous **dormiez**; ils partent / que je **parte** / qu'elles **partent**; ils attendent / que tu **attendes** / qu'on **attende**.

2 apprendre: ils **apprennent** / nous **apprenions** / j'**apprenne**; acheter: ils **achètent** / vous **achetiez** / tu **achètes**; boire: ils **boivent** / vous **buviez** / il **boive**; venir: ils **viennent** / nous **venions** / elle **vienne**; devoir: ils **doivent** / nous **devions** / on **doive**; recevoir: ils **reçoivent** / vous **receviez** / tu **reçoives**; voir: ils **voient** / nous **voyions** / je **voie**.

3 Il voudrait qu'on décrive notre projet. **(Wunsch oder Forderung)**; C'est absolument nécessaire que nous prenions des photos. **(Notwendigkeit)**; C'est bizarre qu'il ne réponde pas. **(persönliche Wertung)**; Je suis triste que tu partes. **(Gefühl)**; Je veux que tu me dises comment faire. **(Forderung)**; Ce serait génial que notre classe gagne le premier prix. **(Wunsch oder persönliche Wertung)**; Je trouve bien qu'on prenne l'avion. **(persönliche Wertung)**.

4 D'abord, **il faut qu'on aille** au collège. **Il faut que nous ayons** le 1er prix. **Il faut que vous choisissiez** un autre sujet. **Il faut que tu fasses** des photos. **Il faut que je sois** là. **Il faut que** le prof nous **aide**.

5 Les parents de Laure ne veulent pas qu'elle **sorte** le soir; qu'elle **fasse** de la moto; qu'elle **fume**; qu'elle **aille** en disco; qu'elle **ait** un copain; qu'elle **soit** en retard pour les repas.

6 Je suis désolé de mal parler français. Je crains que nous soyons en retard. Nous voulons que notre fille fasse des études. C'est bizarre que tu ne connaisses pas Sven. C'est important que vous puissiez venir demain. Elle est triste de partir. Ça ne me plaît pas que tu aies de mauvais amis.

7 Son t-shirt est plus cool que **celui** de Laurent. Prends cette photo. – Laquelle? – **Celle** où tu es avec Sven. Ici, les élèves de 3e, là, **ceux** de 4e. Mes fêtes préférées sont **celles** où on danse. Ces ordi sont plus modernes que **ceux** que nous avons. Il est beau, ce type! – Lequel? – **Celui** avec le portable.

8 On a acheté des sandwichs et on ***les*** a mangé**s** sur le bateau. J'ai vu Alice hier mais je ne ***l'***ai pas reconnu**e** tout de suite. On a collé les affiches ***que*** nos corres avaient fait**es**. On a visité une exposition ***que*** j'ai trouvé**e** intéressante. Après, nous sommes allé**(e)s** en ville et on a pris des photos. C'est le garçon qu'elle a rencontré sur la plage.

9 Tu as fait tes devoirs? – Oui, je **les ai faits**. Tu as corrigé les fautes? – Oui, je **les ai corrigées**. Tu as appris ta leçon? – Oui, je **l'ai apprise**. Tu as retrouvé ton sac? – Oui, je **l'ai retrouvé**.

10 **bête**: dumm; dingue, fou: **verrückt, wahnsinnig**; triste: **traurig**; **jaloux**: eifersüchtig; **heureux**: glücklich; terrible: **schrecklich**; bizarre: **komisch, merkwürdig**; **dommage**: schade; **bien** *oder* **bon**: gut; j'en ai marre!: **ich habe die Nase voll!**; important: **wichtig**; **content**: froh; désolé: **«sorry», tut mir leid**; **méchant**: böse

11 a) elle est bilingue; b) gagner; c) à l'aéroport; d) au port; e) une blague; f) le paradis; g) la reine; h) une dispute

12 juin; décembre; février; septembre; mai; janvier; août; novembre; avril; octobre; mars; juillet

13 Ce jour-là, on fait des blagues: **le 1er (premier) avril**; on mange des crêpes: **à la Chandeleur**; c'est la fête nationale en France: **le 14 (quatorze) juillet**; les enfants reçoivent des cadeaux: **à Noël**; on offre des œufs en chocolat: **à Pâques**; c'est la fête du travail: **le 1er (premier) mai**.

14 der PC: **l'ordinateur**; der Laptop (aber auch das Handy!): **le portable**; das Programm/Software: **le logiciel**; sich ins Internet einloggen: **se connecter à Internet**; der Bildschirm: **l'écran**; die digitalen Daten: **les données numériques**; abstürzen: **se planter**; klicken: **cliquer**; die Maus: **la souris**; die Tastatur: **le clavier**.

15 **Mince alors**, je n'arrive pas à me connecter! C'est vraiment **l'horreur**: rien ne marche! Et maintenant, tout le monde crie et se dispute: **la totale! C'est trop** pour moi! J'arrête. **Mon pauvre**, tu dois tout refaire! Et puis, Mme Bartoli a sauvé la situation, ça, c'était **le pied**!

16

1. C'est M. Berger, le prof d'allemand qui a eu l'idée du cyberprojet. **– richtig**
2. Les élèves allemands sont arrivés à Noël à la gare de Marseille. **– falsch**
3. Ils avaient travaillé pendant 6 mois sur ce projet. **– richtig**
4. A leur arrivée à Marseille, il faisait beau alors ils sont allés tout de suite au port. **– falsch**
5. Le premier jour, tout s'est bien passé dans la salle d'ordinateurs. **– falsch**
6. Le tour en bateau dans les calanques leur a beaucoup plu. **– richtig**
7. Le contact entre les élèves français et allemands a été positif. **– richtig**
8. Mais ils n'ont pas pu finir le site. **– falsch**

17 1. Il faut qu'on finisse le site pour le festival. 2. J'ai tout essayé, mais ça ne marche toujours pas! 3. On ne sera jamais prêts pour le festival européen. 4. Pas de panique! On trouvera bien une solution. 5. Chez nous, on dit: «Impossible, n'est pas français!». 6. Je propose que nous fassions une pause pour nous calmer un peu. 7. Et si on allait prendre un café au bord de la mer? 8. D'accord, bonne idée! Après ca, on se sentira beaucoup mieux.

18 C'était **la première fois** que je venais dans le Midi. On avait quitté Hambourg **sous la pluie**, mais ici, il **faisait** très beau. Les gens étaient **assis** aux terrasses des cafés et discutaient fort. Je pensais qu'ils **se disputaient**. Mais non, c'est le tempérament méditerranéen! Ici, on passe beaucoup de temps **à table** à midi et **le soir**. Par contre, **le petit déjeuner** est hyper rapide. Les Français **pensent que** les Allemands aiment travailler. Mais nous, on **avait plus envie** de s'amuser que de préparer le site. Alors quand l'ordi **s'est planté**, on était très contents!

19 Übersetzungshilfe:

Marseille in Zahlen und Fakten

Mit ihren ca. 800 000 Einwohnern – von denen zur Zeit jeder zweite unter 40 ist – ist Marseille Frankreichs zweitgrößte Stadt. Sie ist auch die älteste, denn sie existiert seit 2 600 Jahren. Und immer schon ist diese Stadt am Meer weltoffen. Sie zeigt eine große kulturelle Vielfalt, die sich in ihren Hunderten von verschiedenen Stadtvierteln widerspiegelt. Diese Vielfalt bringt auch ein reiches, intensives kulturelles Leben mit sich. Sie ist zu einem Zentrum der experimentellen Musik und audiovisuellen Technik geworden. Neben ihren Wirtschaftstätigkeiten in Industrie und Forschung beherbergt Marseille 45 000 Studenten. Sie ist eine Stadt, die gleichzeitig ihre Traditionen zu behalten und sich der Zukunft zu öffnen gewusst hat. Und seit der TGV (train à grande vitesse) es ermöglicht, die 772-km-Strecke Paris–Marseille in drei Stunden zurückzulegen, zieht die Stadt immer mehr Leute an, und entwickelt sich selber auch mit großer Geschwindigkeit. Man kommt hierher, um die herrliche Sonne und die reizvolle Natur zu genießen. Man besucht ihre kleinen Inseln, wie z. B. die mit dem berühmten Château d'If, in dem der Graf von Monte-Cristo gefangen war, den alten Hafen und seinen Fischmarkt, ihre wunderschönen Felsbuchten, ihre von (dem Autor) Pagnol besungenen Hügel, und nicht zuletzt die Kirche Notre-Dame, die die Stadt überragt. Man geht auf der berühmten (Avenue) Canebière spazieren und man kostet einen Pernod oder eine Bouillabaisse (Fischsuppe), zwei Spezialitäten, die hier entstanden und jetzt weltberühmt sind. Oder man kommt hierher, um zu feiern und an einem Musik-, Theater- oder Tanzfestival teilzunehmen. Oder auch zum Besuch einer der zahlreichen Jahrmärkte und Veranstaltungen, die ganzjährig immer wieder stattfinden. Ganz zu schweigen von den vielfältigen Möglichkeiten, die dieses Paradies des Tauch- und Wassersports bietet. Hier gibt es für jeden Geschmack und für jedes Alter etwas.

1. Marseilles Bevölkerung ist jung: **(800 000 habitants) – dont un sur deux a actuellement moins de 40 ans.** (außerdem:) **Marseille accueille 45 000 étudiants.**
2. Diese Stadt gibt es schon sehr lange: **elle existe depuis 2 600 ans.**
3. Die Bewohner dieser Stadt kommen aus verschiedenen Ländern: **Elle présente une grande diversité culturelle.**
4. Paris ist nur noch ein Katzensprung von Marseille entfernt: **le TGV permet de faire le trajet Paris–Marseille (772 km) en trois heures.**
5. Marseille ist für zwei Gaumenfreuden weltbekannt: **C'est le pastis ou la bouillabaisse, deux créations locales.**
6. Weil es am Meer liegt, ist Marseille ideal für viele Wassersportarten: **c'est le paradis de la plongée et du nautisme.**
7. Man kann an kulturellen Veranstaltungen teilnehmen: **(on peut) assister à un festival de musique, théâtre ou danse.**
8. Diese Stadt entwickelt sich sehr schnell: **elle se développe, elle aussi, à grande vitesse.**

Modul 3

1 Alors, en Europe, je connais **l'**Espagne, **le** Portugal, **la** Grèce, **le** Kosovo, **le** Luxembourg, **la** Hollande et **la** Belgique. Mais j'ai aussi visité **l'**Afrique. Je connais bien **le** Kenya et **le** Caméroun et **la** Tanzanie. J'aime aussi **l'**Asie: **le** Japon et **la** Chine sont des pays formidables. Cette année, je voudrais visiter **l'**Australie et **les** Etats-Unis.

2 Ils sont actuellement **au** Portugal. Il travaille **en** Chine. Je voudrais aller **en** Indonésie. Tu as habité **au** Japon? Nous allons **aux** Pays-Bas en mai. Le concours se passe **au** Canada. On a fait un voyage **au** Danemark.

3 Ils rentrent **des** Etats-Unis. Nous sommes revenus hier **d'**Autriche.
Tu viens **de** Belgique ou **du** Luxembourg? L'avion arrive **du** Sénégal.
Je rentre **de** Pologne ce week-end. Elle est déjà de retour **du** Japon?
Ces étudiants sont **du** Maroc. Vous venez **d'**Angleterre? On arrive juste **de** France.

4 Il y a de bons films au ciné. **Lequel** (*oder* **lesquels**) tu voudrais voir?
Elle parle trois langues. – **Lesquelles**?
J'ai fait une faute idiote à la dictée. – **Laquelle**?
Tu as visité plusieurs villes. **Laquelle** (*oder* **Lesquelles**) tu préfères?
Beaucoup d'animaux vivent ici. – Ah oui, **lesquels**?
J'ai le choix entre deux hôtels. **Lequel** tu me conseilles?

5 a) le (au) Canada; b) la dictée des Amériques; c) une réserve; d) Bastien; e) Saganash et James; f) les ours.

6 C'est le magasin **dans lequel** Bastien entre: **le magasin de sport**.
Ces sont les personnes **avec lesquelles** Daniel discute: **les autres candidats**.
C'est le sport **auquel** Bastien s'intéresse le plus: **le hockey sur glace**.
C'est l'expression **avec laquelle** on dit qu'il fait très froid: **un froid de canard**.
C'est un élément naturel **sur lequel** on fait du hockey: **la glace**.
C'est le métier **pour lequel** Daniel pense avoir du talent: **écrivain**.

7 firent → **faire**; monta → **monter**; eut → **avoir**; voulut → **vouloir**; vint → **venir**; préféra → **préférer**; discutèrent → **discuter**; fit → **faire**; furent → **être**.

8 il se leva → **il s'est levé**; il prit → **il a pris**; il écrivit → **il a écrit**; la lettre arriva → **la lettre est arrivée**; Aurélie fut → **Aurélie a été**; ils se marièrent → **ils se sont mariés**; ils eurent → **ils ont eu**.

9 J'aimerais savoir **ce que** tu as fait au Québec; **ce que** les Québécois pensent des Français; **ce qui** coûte le plus là-bas; **ce que** mangent les ours; **ce qui** intéresse les jeunes Canadiens; **ce qu'**on peut faire l'hiver; **ce qui** est différent de chez nous; **ce qu'**il y a dans la ville souterraine.

10 Dis-moi ce que tu penses. Je ne sais pas ce que je vais faire ce soir. Ce qui me plaît ici, c'est la nature. Ce que j'ai vu là-bas est vraiment fou (dingue). Il voudrait savoir ce qui se passe là-bas.

11 un poisson, un oiseau, un éléphant, un castor, une baleine, un canard, un tigre, un insecte.

12 a) magasin, b) réserve, c) érable, d) chasse.

13 Il fait beau, alors je veux **profiter** du soleil. Daniel **représente** la France au concours. Il **participe** à la finale. J'ai une surprise pour toi! **Devine**! Le conte camérounais explique comment Dieu **a créé** toutes les choses. Julie regarde des films en anglais pour **améliorer** cette seconde langue. Le soir, ils **rentrent** à l'hôtel.

14 **la fin de semaine** / le week-end; **magasiner** / faire du shopping; le carré / **le square**; le courriel / **les e-mails** ou **les méls** ou **le courrier électronique**; le bec / **la bise**; le char / **la voiture**

15
1. Daniel était déjà venu au Canada. **– falsch**
2. Les Québécois parlent français avec un drôle d'accent. **– richtig**
3. Aminata pense que c'est dur de vivre ici quand il fait très froid. **– richtig**
4. La ville souterraine fait 40 km. **– falsch**
5. Daniel n'est pas content de voir Aminata avec deux autres graçons. **– richtig**
6. Daniel et Bastien ont de bons résultats à la dictée. **– falsch**
7. Dans le conte du Caméroun, on dit que chaque fois que Dieu faisait une mauvaise note, un homme ou une chose arrivait sur terre. **– richtig**
8. Beaucoup de Québécois sont bilingues. **– richtig**

16 1. Pour améliorer mon français, je regarde des films en langue originale. 2. Où est-ce que tu étais? Je te cherche partout depuis une heure! 3. Dis donc, comment on dit «bilingue» en anglais? Je ne me rappelle plus. 4. Il fait un froid de canard ici! Si on allait faire du shopping dans la ville souterraine? 5. Dans ce magasin, ils vendent des spécialités canadiennes, par exemple du sirop d'érable. 6. C'est vraiment génial de rencontrer des jeunes de tous les pays et de pouvoir communiquer avec eux en français. 7. Il n'est pas encore là. Ce n'est pas normal. Je me demande ce qui lui est arrivé.

17 Alors, ce **séjour** au Canada, comment ça **s'est** passé? – Bon, au **début**, j'ai eu du mal à comprendre les gens parce qu'ils parlent avec un **drôle d'**accent. Mais on s'y **habitue** assez vite. Les Québécois sont hyper **gentils**.

Ils nous ont fait un **accueil** très chaleureux. Ils disent que les **Français** sont leurs cousins. Ils aiment beaucoup **leur pays** et nous ont montré leur belle province. On a été à la *cabane à sucre* pour manger du **sirop** d'érable directement sorti de l'**arbre**. On a vu des **ours** et des **castors**. Mais le gros problème, c'est **le froid**. Je me demande comment ils font **l'hiver** quand **il fait** moins 30.

18 Übersetzungshilfe:

Die goldenen Lexika

Am 5. Oktober 1985 hören die Zuhörer der Radiosender RTL und RMC einen merkwürdigen Text, voller grammatikalischer Schwierigkeiten, seltenen Wörtern und gleichklingenden Wortfallen. In den Studios von RTL nehmen 80 Spezialisten der französischen Sprache an der ersten Rechtschreib-Meisterschaft teil, die von Bernard Pivot ins Leben gerufen wurde. Daheim vor ihrem Radio(gerät) holen Tausende von Menschen sofort Papier und Kuli, um ihrerseits ihre Rechtschreibkenntnisse zu prüfen.
Im folgenden Jahr wird diese Sendung, „Die goldenen Lexika", im französischen Fernsehen ausgestrahlt und das Interesse des Publikums ist beeindruckend. Seit diesem Tag schreiben am Abend des Diktatfinales Männer und Frauen jeden Alters, aus allen Sozialkreisen, aus allen Kulturen den schwierigen Text, den Bernard Pivot diktiert. Nicht nur Leute über 50! Denn sehr schnell hat (das Bankinstitut) Crédit agricole eine (Kandidaten-) Auswahl in den Schulen organisiert, an der jedes Jahr 500 000 Schüler(innen) aller Schularten teilnehmen.
Und nach und nach wird dieses Diktat zum Symbol der Francophonie. Es findet einmal pro Jahr statt, an ruhmreichen Orten wie im Olympia (berühmte Musikbühne in Paris) (2000), im Stade de France (Stadion in Paris) (1997), in der Nationalversammlung (1993), in der Garnier-Oper (1998) oder in der neuen Staatsbibliothek (1994).
Und im Jahr 1992 verlässt die Diktat-Meisterschaft Frankreich und findet in den USA, in New York in einem Saal der UNO statt. Es ist die absolute Krönung. Ein Erfolg, der weltweit immer mehr Anhänger findet und der fast 20 Jahre währt. Im November 2005 hat Bernard Pivot sein letztes Diktat vorbereitet und gelesen. Dazu hat er die besten Kandidaten der letzten 20 Jahre eingeladen, die bei dem Superfinale um den allerletzten Titel konkurriert haben. Im Publikum spürt man eine starke Emotion. Die ganze französischsprachige Welt bedauert das Ende dieses schönen Abenteuers. Aber Pivot ist der Meinung, dass es Zeit ist, damit aufzuhören, um etwas Neues anzufangen. Wir erwarten ungeduldig, was dieser Liebhaber der französischen Sprache zu unserer Freude neu erfinden wird.

1. A la radio dans le programme de RTL et RMC.
2. Pour tester leur maîtrise de l'orthographe.
3. (L'année d'après) En 1986.
4. Des hommes et des femmes de tous âges, de tous les milieux, de toutes les cultures. Mais aussi des collégiens et lycéens.
5. Aux Etats-Unis, à New York.
6. Elle dure presque 20 ans.
7. Les meilleurs candidats des 20 dernières années.

Bildquellen

S. 11: Rapho (Ancellet), Paris;
S. 12: Avenue Images GmbH (Corbis), Hamburg;
S. 15, 22, 23, 43, 45, 47, 58, 59, 106: Marco Polo (B. Naudin / F. Bouillot), Paris;
S. 19, 61, 70: Klett Archiv, (Marco Polo, Naudin), Stuttgart;
S. 104: Klett Archiv (Birgit Bruckmayer / Stefan Zörlein), Stuttgart;
S. 27: Getty Images RF (PhotoDisc), München;
S. 35, 125, 132: Corbis (Bettmann/Franken/Beck/Kaehler), Düsseldorf;
S. 85: Getty Images (Clarissa Leahy), München;
S. 106, 109, 125: Sipa Press (Sureau/TF1/Jubineau/Catuffe), Paris;
S. 123: f1 online digitale Bildagentur (Ange/Wallis), Frankfurt/Main;
S. 125: Action Press (Isopix), Hamburg;
S. 128: Roland Zumbühl, Arlesheim;
S. 131: Comstock, Luxemburg;
S. 137: Télé-Québec, Montréal, Québec H2K 3LZ.